AF438945

BARBARA GISSER

AUFGEBEN?
DAS NIE!

Wahre, selbst erlebte Geschichte

Illustration:
Marita Picco

Youcanprint *Self-Publishing*

Titel | Aufgeben? Das nie!
Autorin | Barbara Gisser

ISBN | 978-88-92676-19-0

Youcanprint Self-Publishing
Via Roma, 73 - 73039 Tricase (LE) - Italy
www.youcanprint.it
info@youcanprint.it
Facebook: facebook.com/youcanprint.it
Twitter: twitter.com/youcanprintit

AUFGEBEN?
DAS NIE!

Das Buch ist all jenen gewidmet,

die mir in dieser Zeit nahe standen,

oder, die wie ich,

einen ähnlichen Kampf austragen müssen.

Vorwort

Die Worte „Tumor" oder „Krebs" auszusprechen verbreitet immer noch einen gewissen Schrecken, besser ist daher ein allgemeiner Ausdruck wie „schwere Pathologie" um auf diese Weise weniger dramatisch zu klingen und den Gesprächspartner nicht in Verlegenheit zu bringen.

Abgesehen vom Ausdruck, den man als Definition dieser Krankheit benutzt, wenn diese ins Leben einer Person eingreift, ist es unausweichlich, dass diese verunsichert wird.

Und wie auch in anderen Fällen, wenn uns die Existenz Situationen und Ereignisse präsentiert, von denen wir nie gedacht hätten, dass wir sie einmal konfrontieren müssen, bleibt es uns überlassen, den Mut und die richtige Einstellung zu finden um voranzukommen und dabei Schwierigkeiten und Momente des Verzagtseins zu überwinden.

Die Autorin des Buches hätte keinen treffenderen Titel für das Buch, in dem sie die sechs Jahre nach der Entdeckung des Tumors am Kehlkopf beschreibt, finden können. Eine Operation nach der anderen, der Mut, das Vertrauen in das Ärzteteam, der Wunsch die völlige körperliche und seelische Form wiederzuerlangen, haben es ihr erlaubt sich selbst immer wieder in Frage zu stellen und nie aufzugeben.

Auch wenn das Beschriebene ein sehr delikates Thema ist, soll sich der Leser trotzdem nicht Seiten voll von Angst und Beklemmung erwarten, in denen das Krankenhaus einem Gefängnis und die Krankheit der Strafe des Schicksals gleicht. Die Autorin erzählt ihre Erfahrung mit viel Selbstironie und Positivität, auch wenn sie die Beschreibung der kritischsten Aspekte nicht weglässt.

Ein befreiender Text, der all jenen gewidmet ist, die gegen die Krankheit kämpfen. Aus den Erfahrungen und den Wegen derer, die ähnliches erlebt haben, kann man Hoffnung und Energie schöpfen, auch wenn man die Gewissheit hat, dass es keine richtige oder falsche Art gibt Schmerz und Krankheit zu ertragen.

Einführung

Meine schwere Pathologie

Im Jahr 2011... ein Jahr wie so viele ... ein besonderes Jahr... ein Jahr meines Lebens! Ja, unter anderem ein Jahr, das wirklich schnell vergangen ist und das mit viel mehr Höhe- als Tiefpunkten. Von diesem Jahr an und von den fünf darauf folgenden Jahren will ich hier all das erzählen, was ich in dieser Zeit meiner Krankheit erlebt habe...

Hoppla! Entschuldigt! Es handelt sich hier nicht um irgendeine Krankheit, sondern etwas korrekter ausgedrückt um eine schwere Pathologie.

Ja, laut der italienischen Krankenkasse ist das der richtige Ausdruck für einen Tumor; das gilt auch für die Information am Arbeitsplatz und das wiederum bringt einige Vorteile mit sich. Um ehrlich zu sein, das ist eine gute Sache, denn man braucht sich über einen großen Zeitraum hinweg keine finanziellen Sorgen zu machen, und das ist eine große Hilfe, um das Problem sachlich und fast unbeschwert anpacken zu können.

Ein Krebstumor, diese gefräßige Bestie, dessen bloße Erwähnung, lässt auch heute noch viele Leute sprachlos werden oder sogar erschauern, ganz besonders wenn man das Wort Krebs laut und ohne Befangenheit ausspricht. Und gerade der hat mich getroffen! Und er schlich sich ganz ohne Voranmeldung und ohne besondere, bemerkbare Symptome heran.

Bah, ich kann auch nicht sagen, dass er wie ein Blitz aus heiterem Himmel kam. Im Grunde genommen hat es in meiner Familie schon einige Personen erwischt, sie hatten zwar nicht die gleiche Krebsart wie ich, aber immerhin einen bösartigen Tumor, z. B. meine Mutter, meine Schwester, meine Nichte...

Wie dem auch sei, eines Tages hat diese Bestie, mit ihren vielen Armen, die sich aus meinen Lastern, wie zum Beispiel dem Rauchen, der oft nicht gerade gesunden Ernährung, dem Stress, den ungelösten Problemen und den Sorgen usw. gebildet haben, fest auf ihren Beinen stehend ihre Klauen nach mir ausgestreckt.

Nun ist's genug mit dem Gewinsel und der fast Horrorszene. Ich will nun schön der Reihe nach erzählen, wie mein „Abenteuer" angefangen hat.

DER KRANKHEITSVERLAUF
DIE BEHANDLUNG

Beim Hausarzt

Im November 2010 hatte ich schon zum zweiten Mal lästiges Halsweh und ging deshalb zum Hausarzt. Er findet eine Entzündung, der Hals ist rot. Das passiert mir öfters so ein- bis zweimal im Jahr. Dazu trägt auch mein Beruf bei, denn ich muss viel sprechen. Der Hausarzt verschreibt mir Entzündungshemmer und rät mir diese über einen bestimmten Zeitraum einzunehmen. Ich sage ihm auch, dass mein linkes Ohr verstopft ist und er kontrolliert auch das. Daraufhin schickt er mich zu einer Untersuchung in die Hals-Nasen-Ohrenabteilung des Krankenhauses, da er den Pfropfen nicht selbst entfernen kann. So hole ich mir gleich einen Termin, denn man kommt ja nicht sofort an die Reihe. Inzwischen heile ich die Entzündung aus.

Das Warten auf die Untersuchung

Der Termin ist am 10. Dezember 2010 und er ist sehr fest in meinem Gehirn eingeprägt. Ich erinnere mich so genau daran, als ob es heute gewesen wäre.

Schon bevor ich zur Untersuchung gehe, fange ich an unruhig zu werden. Meine „innere Stimme" (die Zone gleich unter dem Magen, am Anfang des Darms) sagt mir, dass ich nichts Gutes zu erwarten habe. Ich bekomme auch etwas Durchfall. Zu Hause sage ich natürlich nichts. Mein Mann würde mir nur sagen, dass ich immer alles tragisch sehen würde. Er hat noch immer nicht gelernt, dass, wenn ich mir Sorgen mache, er sich auch sorgen sollte. So warte ich in dunkle Gedanken versunken, ohne laut auszusprechen, was ich denke. Was mache ich, wenn…? Dann unterhalte ich mich mit mir selbst. So gelingt es mir dann auch recht gut mir alle möglichen Untersuchungsergebnisse vorzustellen; aber schon da bin ich fest davon überzeugt Krebs zu haben, auch wenn ich mir nicht vorstellen kann, wo. Wenn ich in Gedanken meine Familiengeschichte durchgehe, käme Gebärmutterkrebs an erster Stelle. Drum denke ich, weshalb sollte da etwas in meinem Hals stecken? Nach einigen etwas unruhigen Nächten (geschlafen habe ich trotzdem), werde ich ruhig und warte. Ich bin nun innerlich ganz ausgeglichen, denn ich bin überzeugt Krebs zu haben und diese Gewissheit gibt mir eine eigenartige Gelassen- und Entspanntheit.

Der Tag der Untersuchung

Ich begebe mich mit gemischten Gefühlen ins Krankenhaus und warte auf das was kommt. Ein Arzt mit ernstem Gesicht untersucht mich. Auch eine Ärztin ist mit dabei.

Durch das Nasenloch hindurch fahren sie mit einer Sonde hinunter in meinen Hals. Von ihren Gesichtsausdrücken kann ich ablesen, dass etwas nicht stimmt. Als sie dann auch noch sagen, dass der große Monitor, worauf auch der Patient blicken kann, bei der Untersuchung wegen der Farbe stört und der Arzt meint, dass er deshalb nicht alles genau sehen kann… und dass es besser mit dem kleinen, dem am Gerät ginge… in diesem Moment wusste ich, dass meine Vermutung richtig war. Mir ist alles sonnenklar. Auf meine Frage: „Was ist los? Sieht schlecht aus, nicht wahr?" antworten sie mit Ausflüchten. Aber sie sagen mir, dass etwas nicht stimmt und dass dies abgeklärt werden muss. Man gibt mir einen neuen Termin und eine Reihe von Informationen was es eventuell sein könnte. Ich weiß auch ganz genau, dass sie mir ohne Biopsie und ohne genauere Untersuchungen nichts sagen können. Ich bin aber jetzt schon überzeugt und auf das Schlimmste vorbereitet.

...UND SO BEGINNT DAS ABENTEUER...

(Ich möchte auch nicht sagen der Leidensweg, denn ich empfinde es nicht so)

Die zweite Untersuchung und alle anderen

Wieder ein anderer Arzt... ich schaue ihn an und sehe die Bestätigung meines Verdachts, nicht an den Worten, sondern am Gesichtsausdruck. Dieser Arzt gibt mir einen Termin für eine Magenuntersuchung und einen für eine Untersuchung mit einem soooo komplizierten Namen, dass ich mich nicht daran erinnern kann. Diese Untersuchung wird nur unter Vollnarkose gemacht. Dann sagt er mir auch, dass ich einen Day-Hospital Aufenthalt machen muss.

So fängt alles an. Ich muss dazu sagen, dass sie in der HNO – Abteilung sehr wirksam arbeiten und so kann ich alle Untersuchungen, auch die in der Röhre, schon am 24. Dezember um 9.00 Uhr abschließen. Am Heiligen Abend sind praktisch alle Voruntersuchungen von A bis Z gemacht. Wirklich schnell! Im Moment sagt mir noch niemand, was mir genau fehlt, aber ich bin immer mehr davon überzeugt es zu wissen. Wer würde all diese Untersuchungen anordnen, wenn nicht ein schwerer Verdacht auf Krebs bestünde? Nachdem ich den Arzt mit meinen Fragen ganz schön gelöchert habe, bestätigt er wenigstens den Verdacht. (Es ist nicht leicht, mich zu ertragen, wenn ich etwas wissen will!). Ich bin ihm dafür dankbar, das NICHT-WISSEN lässt mich verrückt werden. Wenn man nichts weiß, kann man sich nicht verteidigen, nicht kämpfen, man bekommt die Angelegenheit nicht in den Griff. Du befindest dich in einem Zustand von Anspannung – loslassen, Anspannung – loslassen... hab ich Krebs oder hab ich keinen... zu viele Untersuchungen, du prüfst angespannt die Gesichter... das Nicht-Wissen ist grässlich! Der Arzt war sehr korrekt, als er mir den Verdacht bestätigt hat.

Er hat mich auch nicht gescholten, weil ich rauche (wahrscheinlich hätten das alle erwartet), sondern hat das

Gespräch so begonnen: „Ab einem gewissen Alter müssen wir…" oder begann er mit: „Wir müssen…" (so genau weiß ich es nicht mehr); was mir im Gedächtnis geblieben ist, ist dass er das Wort „WIR" verwendet hat. Auf diese Weise wird man nicht frustriert, man hat nicht das Gefühl vor einem gehobenen Zeigefinger zu sitzen, man fühlt sich viel sicherer. Mag sein, dass es sich wie etwas Unnützes anhört, aber so ist das nicht. Nicht dass dadurch die Sache angenehmer oder weniger wichtig wird, aber man nimmt die rohe Wahrheit leichter. Dann rät er mir - wenn es mir gelingen sollte - mit dem Rauchen aufzuhören. Ich werde es versuchen, wenn's geht, ok, sonst werde ich eben weniger rauchen.

Ich habe auch versucht zu Hause mit den Meinen zu sprechen. Ihre Antwort, wie immer, klang mehr oder weniger so: „Du stellst dir immer das Tragische vor. Warte das Untersuchungsergebnis ab und setz dir nichts in den Kopf, was noch nicht sicher ist. Du denkst immer an das Schlimmste!" Und in diesem Ton ging es weiter. Von dieser Seite war also keine Hilfe zu erwarten. Ich denke sie wollen die Aussicht auf einen bösartigen Tumor einfach nicht wahrhaben. Bah, vielleicht haben sie… Angst?

Ich verlasse das Krankenhaus nach drei Tagen am Heiligen Abend so gegen halb zehn Uhr morgens. Der Doktor war richtig nett, mich so früh zu entlassen. Um acht Uhr war ich ja noch zur Untersuchung in der „Röhre". So kann ich mit meinem Mann noch ganz flott nach Tirol zu meiner neunzigjährigen Mutter fahren und mit ihr Weihnachten feiern. Super! Sie wäre bestimmt ganz besorgt gewesen, wenn ich an diesem Tag nicht erschienen wäre. Auch habe ich nicht die Absicht ihr oder irgendjemanden von meiner Familie und meinen Verwandten von den Ereignissen, die wie ein Damoklesschwert über mir hängen, zu erzählen. Und das zu Weihnachten! Nein, wirklich nicht!

Die Weihnachtsferien

Wir haben uns also entschlossen zu zweit zu meiner Mutter zu fahren, Franco und ich. Roger, unser Sohn, wird die Feste bei seiner Freundin verbringen. Ich werde wahrscheinlich bis zum 29. Dezember bei meiner Mutter bleiben, auch weil ich nicht weiß, was danach kommen wird. Franco wird am 25. wieder nach Hause fahren. Das ist auch besser so, denn so kann ich meine Gedanken ordnen, weit ab von denen, die eingeweiht sind. So beeinflusst mich niemand. Das könnte ich im Moment gar nicht gebrauchen! Ich sage also meiner Mutter, meinem Bruder, allen meinen Verwandten noch nichts. Sie sollen sich auch vor der Zeit keine Sorgen machen. Um ganz ehrlich zu sein, auch ich will noch einige Tage sorglos und ganz unbeschwert die Ferien verbringen. Ich verbringe die Tage gemütlich, besuche Verwandte und Freunde und genieße diese Tage.

Ich bin nicht beunruhigt oder sehr besorgt. In mir hat sich eine große Ruhe ausgebreitet, so wie die Ruhe vor einem Sturm. Ich bin überzeugt schwer krank zu sein, aber tief in mir hoffe ich eine zweite Chance zu bekommen und noch ein bisschen weiterleben zu können. Das wäre wirklich schön! Sollte das nicht der Fall sein, so möchte ich doch meine Sachen ordnen und sie nicht einfach so hinterlassen. Ich werde einige Zeilen für meinen Sohn schreiben, um ihm Mut zu machen, einige ungesagte Worte. Ich muss auch ein biologisches Testament verfassen, das zur Zeit in Österreich gültig ist (ich bin Doppelstaatsbürgerin) und dann noch ein Testament um meinen Nachlass zu regeln. Ich will alles ordentlich hinterlassen. Ich entschließe mich, das dann in Italien im neuen Jahr zu machen. Auf der Geburtstagsfeier meines Patenkindes unterhalte ich mich wirklich gut – es gab so viel zum Lachen. Komisch, aber ich fühle mich gar nicht niedergeschlagen oder deprimiert. Ich finde auch, dass ich mich besser unterhalte, mehr und herzlicher lache, ich beobachte Dinge, die mir bisher nie aufgefallen sind. Ich lebe bewusster.

Wie geplant kehre ich noch vor Jahresende nach Italien, nach Hause zurück...

Wir feiern Silvester zu Hause, so wie in den letzten Jahren. Ich koche etwas Gutes (ein Menü mit Fisch) und dann sitzen wir vier noch lange gemütlich beisammen: mein Mann, mein Sohn, dessen Freundin und ich. Ich organisiere auch das Fest, das wir alljährlich für unsere Freunde geben. Alles ist ok; so als ob nichts geschehen wäre und niemand bemerkt irgendetwas.

Von den Untersuchungsergebnissen weiß ich noch nichts. Niemand hat angerufen. Ist das ein gutes oder schlechtes Zeichen? Und dazu noch diese ganzen Feiertage...

Am Tag nach den Heiligen Drei Königen, gehe ich wieder zur Arbeit.

DIE ENTDECKUNG, ODER BESSER GESAGT, DIE GEWISSHEIT

Da ich vom Krankenhaus noch keine Nachricht erhalten habe und da sich in mir nun doch eine gewisse Unruhe wegen des Ausbleibens irgendeiner Verständigung breit macht, beschließe ich beim Krankenhaus vorbeizuschauen. Ich gehe also noch vor der Arbeit (am Montag arbeite ich nachmittags) in die HNO im sechsten Stock. Dort sehe ich den Arzt, der mich alle Untersuchungen hat machen lassen und ich frage ihn, ob ich ihn sprechen könnte. Er bejaht, aber ich muss ein wenig warten, da er gerade seinen Turnus auf der Station hat. Als ich dann an die Reihe komme, frage ich ihn nach den Ergebnissen der Untersuchungen. Er hat sie noch nicht bekommen, schaut aber sofort im Computer nach. Da sind sie auch schon. Sie haben ein Magengeschwür entdeckt und, so wie ich's erwartete, einen bösartigen Tumor am Kehlkopf und zwei kleine Metastasen. Auch der Knopf an der Halsdrüse, den man ertasten und auch schon sehen konnte, war positiv. Der Arzt spricht mit mir in aller Ruhe über alles, was zu tun sei. Er macht das ruhig und ausgeglichen und so begreife ich das ganze Ausmaß dieser Sache. Ich frage ihn dann auch gleich wie lange mir noch zu leben bleibt und er sagt mir, dass die Aussicht nicht gerade rosig, aber dennoch ganz gut wäre. Nun muss ich mit dem Arzt beschließen, welchen Weg ich nehmen möchte: Operation oder Bestrahlungen plus Chemotherapie. Die Untersuchungen für eine Operation habe ich schon alle gemacht. Der Arzt der HNO erklärt mir die Operation und er, wie auch der Primar, raten mir dazu. Aber bevor ich mich endgültig entscheide, müsste ich noch mit dem Arzt der Krebsabteilung für die Bestrahlungstherapie sprechen, um mir ein Bild von allen Möglichkeiten machen zu können. Durch die Ruhe, die der HNO-Arzt ausgestrahlt hat und durch seine Berufserfahrung denke ich, dass ich in guten Händen bin und daher fühle ich mich sicher und gut aufgehoben.

Nach diesem Gespräch begebe ich mich in die Schule zur Arbeit. Ich habe einfach keine Lust, nach Hause zu fahren. Ich muss zuerst selbst klar sehen. Meine Arbeit macht mir Spaß und vielleicht wechsle ich auch einige Worte mit Laura, meiner besten Freundin. Sie gibt mir Ruhe, denn sie gleicht einem Felsen im Wind. Gesagt, getan; ich erledige meine Arbeit heute nur so-so, denke nach, spreche dann zuerst mit Laura und danach mit Donatella. Beide stehen mir nah und das tut gut. Ich bleibe auch bei der Programmgestaltung für die kommende Woche, aber nur eine Stunde. Plötzlich habe ich den

Wunsch heim zu fahren und einmal ordentlich zu weinen. Es muss mal raus!

Zu Hause erzähle ich dann alles meinem Mann, der aber fast geschockt ist, viel schlimmer als ich. Ich weine ein bisschen, aber es ist nicht schlimm. Dann bin ich ganz ruhig und werde die Dinge einfach auf mich zukommen lassen, eins nach dem anderen, gerade so wie's kommt. Im Grunde genommen ist es ja keine riesige Tragödie, wenigstens im Moment sieht es nicht danach aus. Es gibt ja noch viel schlimmere Krankheiten, bei denen es kein Entkommen gibt, wo's nur bergab gehen kann. Ich bin ganz froh, ich habe wenigstens eine Chance geheilt zu werden.

*

Nun untersucht mich auch der Primar sehr gründlich. Er ist eine exquisite Person, die mir großes Vertrauen einflößt. Er bestätigt die Diagnose, erklärt mir noch einmal in allen Einzelheiten die Operation und die Nachbehandlung und rät mir, mich operieren zu lassen und nicht nur die Strahlentherapie zu machen. Wenn man nämlich zuerst bestrahlt und - sollte dann doch eine Operation nötig sein - wäre dies ein viel größerer Eingriff und meine Stimme wäre auch weg. (So habe ich das verstanden. – Ich kenne ja die Fachausdrücke nicht!).

Ich brauche nicht lange zu überlegen; ich war immer schon für einen „glatten Schnitt" in allen Situationen meines Lebens und im Grunde meines Herzens habe ich mich schon längst für die Operation entschieden, auch um eine größere Chance zum Leben zu haben. Geschnitten ist geschnitten, wie man sagt – ab und weg – und man denkt weniger daran. Eine drastische Kur, aber wirksam. Das ist meine ureigenste Meinung und dabei habe ich mich von niemandem beeinflussen lassen. Hier ging's ganz allein um mich, meinen Körper und da finde ich es ganz, ganz wichtig für sich allein über sein Schicksal zu entscheiden, ohne die Familie, die Freunde, das Internet, … hinzuzuziehen. Das alles verwirrt nur die eigenen Ideen. Ich bin innerlich richtig zufrieden, wenn ich an die Operation denke. Ich hoffe nur, dass sie mich nicht allzu lange darauf warten lassen; die Wartezeit macht nervös und man wird unsicher. Ich lese auch gar nichts im Internet nach, auch wenn ich weiß, dass es wichtig ist, es gibt viele Informationen, Meinungen, usw. aber ich will mich von nichts und niemandem beeinflussen lassen und ich **will selbst entscheiden!** Das Wichtigste ist, einen Arzt zu finden, dem man vertraut und der Ruhe ausstrahlt. Ich vertraue den Ärzten der HNO Station und mehr brauche ich nicht.

*

Einige Tage danach spreche ich mit dem Bestrahlungsarzt. Dieser erklärt mir die Bestrahlungstherapie gekoppelt mit Chemotherapie und er rät mir zu dieser Behandlungsform. Diese sei auch ein weit kleinerer Eingriff als eine Operation. Ich sage ihm, dass ich einen Moment mit meinem Mann sprechen will und ihm dann die Antwort geben würde. Ich gehe fünf Minuten hinaus, entscheide mich dann offiziell für die Operation. Dieser Arzt ist perplex, ja sogar etwas verwundert und möchte wissen, warum. Er hatte auch schon die Unterlagen für die Bestrahlungstherapie bereit gemacht. Ich erkläre ihm: „Ich fühle mich so viel sicherer."

Ich teile diese meine Entscheidung auch dem HNO-Arzt mit und bitte ihn, mich nicht zu lange auf die OP warten zu lassen.

*

Nun ist es auch wirklich an der Zeit den Meinen alles zu erzählen: meiner Mutter, meinem Bruder mit Familie, meinen Tanten und meinen besten Freunden. Aber das will ich nicht per Telefon tun. Ich denke, dass das eine zu delikate und wichtige Information ist um sie auf diese Art mitzuteilen. So fahre ich wieder nach Österreich, um meine Familie zu informieren. Einige sind etwas geschockt, andere wollen es nicht glauben, wieder andere zeigen ihre ganze Sorge. Wenn ich ganz ehrlich bin, ist es nicht gerade einfach ihre Besorgnis vom Gesicht abzulesen, ihre Reaktionen unter Kontrolle zu bringen und dabei ganz ruhig zu bleiben. Es schaut fast danach aus, als ob sie meinen Zuspruch eher nötig haben als ich. Kaum zu glauben, gell! Auch aus diesem Grund entschließe ich mich dann in Italien nur wenigen ausgewählten Freunden von meiner Krankheit zu erzählen. Ich bitte meinen Mann es nur zweien seiner Freunde zu sagen und das, weil ich glaube, dass er auch einen Beistand dringend nötig hat. Und dafür bin ich im Moment nicht die richtige Person. Er ist zu besorgt und das macht mich nervös.

Bei mir zu Hause geht es mir gleich wieder besser; da habe ich meinen Frieden und meine Ruhe.

DIE EINWEISUNG UND DIE OPERATION

Am 24. 01. 2011 werde ich am Sonntag in der Früh eingewiesen. Ich bin auch ein bisschen nervös; es soll eine langwierige und heikle Operation sein. Sie werden dazu sieben bis acht Stunden brauchen. Ich habe Angst vor der Vollnarkose. „Schei… – und wenn ich nicht mehr aufwache? – Und wenn etwas schief geht?" Ich denke an meinen letzten Willen: ich muss unbedingt aufschreiben, was ich will und wie ich's will! Wenn etwas schief gehen sollte, dürfen sie mich nicht einfach am Leben erhalten, wenn ich nicht mehr denken und handeln kann! Ich muss auch ein richtiges und gültiges Testament aufsetzen. Ich möchte verbrannt werden; das Begräbnis, die Leute, die man verständigen soll, usw. Das tue ich dann auch und gebe beide Dokumente in die Schublade neben dem Bett. Ich sage meinem Mann, wo er meinen letzten Willen finden kann, wenn's notwendig sein sollte. Ihn verunsichert diese ganze Sache ein wenig. Er weiß nicht, wie er dies alles angehen soll. Auch ich mache mir Sorgen; nicht wegen dem Krebs, sondern wegen der Operation und der Narkose. Auch mein gutes, einziges Kind, mein großer Sohn ist etwas nervös. Mir gelingt es wenigsten ihn, so scheint es mir, zu beruhigen. Er hört mir genauer zu.

Seit er gesehen hat, dass mich meine Krankheit, der Krebs, nicht aus der Ruhe bringt, ist auch er ruhiger und entspannter. Ich habe meinen beiden Männern erklärt, dass ich mir nicht um sie Sorgen machen kann, besonders, da ich mir selbst keine großen Sorgen mache. Außerdem kann ich es mir nicht leisten meine Energie in Sorge um mich und um sie zu verbrauchen. Alles was ich brauche ist Ruhe.

Wie bin ich doch wegen der Vollnarkose nervös! Ich habe immer Angst, wenn ich nicht hören und sehen kann, was mit mir geschieht.

Wie wird es danach sein?

Was werde ich dann tun?

Was alles werden sie finden?

Tausende Fragen und Ideen, auch ganz absurde schwirren mir im Kopf herum. Alles nicht ganz klar, sondern konfus. Dann gehe ich noch hinunter zum Eingang des Krankenhauses und rauche meine letzte Zigarette. Es geht einfach nicht ohne. Ich bin blöde, aber es ist so. Es ist stärker als ich. In der letzten Zeit habe ich wenig geraucht, nur wenn ich so richtig gestresst war. Aber diese letzte genieße ich so richtig! Ein bisschen verstecke ich mich, damit man mich nicht sieht; ein bisschen fühle ich mich schuldig und schäme mich, aber sie schmeckt mir!

Dann gehe ich zurück in den sechsten Stock, ganz ruhig und bereit, mich der Sache zu stellen. Soll kommen, was kommen muss! Wir können die Ereignisse nicht vorhersehen noch beeinflussen. Mein Schicksal liegt in den Händen anderer und ich bereite mich auf die Nacht vor.

Ich habe sehr gut geschlafen, ohne Störungen. Am Morgen bin ich etwas besorgt, aber ich habe ja meine beiden Männer bei mir. Das gibt mir Kraft und Ruhe.

Man bringt mich in den Operationssaal. Welch ein Glück! Da ist ja Cinzia aus meinem Dorf. Wir reden ein bisschen miteinander, dann werde ich zur OP vorbereitet. Bevor ich narkotisiert werde, spreche ich ganz kurz mit dem Primar. – Das ist ein guter Anfang; ihn auch nur zu sehen beruhigt mich und ich bin entspannt. Er gibt mir viel Hoffnung und sein Lächeln gibt mir Sicherheit. Dann schlafe ich ein. Ich erinnere mich nicht an meine letzten Gedanken. Die Zeit ist sehr schnell vergangen.

Vorsicht!!!
Glatter Schnitt
und perfekte
Naht...

DAS „NACHHER"

Ich wache auf. Mir scheint, als ob es mitten in der Nacht wäre. Jemand, so glaube ich zu hören, sagt zu mir: „Atme alleine!" Dann… wieder nichts. Immer wenn ich aufwache, wenn auch nur einen Augenblick, sehe ich draußen das Dunkel; ich weiß nicht, ob es Wirklichkeit ist oder ob ich es mir nur einbilde. Ich sehe Leute kommen und gehen, aber alles ist wirr und unwirklich. Ich weiß auch nicht immer, wo ich bin. Ich habe keine Schmerzen – ich bin sicherlich vollgestopft mit Schmerzmitteln oder solch ähnlichem Zeug oder vielleicht noch nicht ganz aus der Narkose aufgewacht. Wer weiß! Ich kann nicht sprechen, ich fühle mich verloren. Man saugt mich ab. Ich habe keine Ahnung wie alles funktioniert. Niemand erklärt mir irgendetwas. Auch der Ort ist recht eindrucksvoll, fast unheimlich. Das sind meine ersten Eindrücke.

Am nächsten Tag sehe ich die Dinge schon klarer. Ich sehe einen Monitor, Leute, die Krankenschwestern, usw. Dieser Ort, die Intensivstation, gefällt mir nicht so sehr. Sie hat wenig Nettes oder Herzliches. Schmerzen habe ich keine. Ich liege da, bewegungslos, denke nicht viel nach, beobachte. Die Zeit vergeht sehr langsam. Ich bleibe fast den ganzen Tag dort. Sie sagen mir, dass ich bald auf die HNO-Station verlegt werde, gleich nachdem mir ein Lungenröntgen gemacht wurde. Ich warte. Der Techniker kommt, macht die Röntgenbilder und dann muss ich auf den Arzt warten. Es wird spät. Sie haben mir das Bett schon zum Aufbruch bereitgestellt. Nun kann ich nicht mehr läuten. Ich möchte abgesaugt werden, denn ich habe viel Katarrh. Wie kann ich mich verständlich machen? Ich atme unter Schwierigkeiten und es scheint mir, dass das niemand bemerkt. Niemand schaut in meine Richtung. Alle haben viel zu tun und sind besorgt um eine wichtige oder arg zugerichtete Person die kommen sollte.

Wahrscheinlich geht es dieser Person schlechter als mir, oder sie ist... Ich fühle mich einsam und verlassen. Wahrscheinlich hege ich diese Reihe von Gefühlen und stelle mir diese Fragen, weil ich noch nie zuvor in einer ähnlichen Situation war. Ich fühle mich konfus und habe Angst. Wenn mir doch jemand eine Erklärung geben könnte, ein... ich weiß nicht was.

Endlich entdecke ich jemanden, winke und man antwortet mir, dass ich Geduld haben sollte und dass der Arzt bald käme. Um ehrlich zu sein, wollte ich das gar nicht wissen und so schüttle ich den Kopf. Ich will, dass man mich absaugt! Endlich gibt mir jemand ein Stück Papier und einen Kugelschreiber, so kann ich schreiben und mich verständlich machen.

Zu meinem Glück komme ich am Abend in die HNO-Abteilung. Da scheint ein anderer Wind zu wehen, eine angenehme Brise. Während man mich ins Bett legt, rutscht mein Kopf ein wenig nach hinten. Nur einen Augenblick lang, aber das Gefühl, das ich habe, ist grauenvoll, einfach schrecklich. Ich kann es gar nicht so gut beschreiben, aber ich kam mir vor wie ein Wurm, wehrlos, ohne Rückgrat, der Kopf irgendwo herum pendelnd. Alles dreht sich und du denkst du musst dich übergeben. Ich hoffe, das passiert nie wieder. Ich mache mich sofort bei den zweien vom Personal wegen meinem pendelnden Kopf bemerkbar, aber mir scheint es dauert eine Ewigkeit, bis sie mich bemerken... Entsetzen! Und wenn etwas in meinem Hals passiert ist? Wenn die Naht geplatzt ist? Wie viele unnütze Gedanken gehen mir plötzlich durch den Kopf. Dann liege ich ruhig und glückselig in meinem Bett und will nur noch schlafen. Welch ein Tag!

DER KRANKENHAUSAUFENTHALT IN DER HNO

Der erste Abend vergeht schnell. Man hängt mir eine Flasche an, mein Mann kommt zu Besuch und sagt mir, dass alles gut gegangen ist und dass die Operation nicht so lange wie geplant gedauert hat. Auch der Primar und der Doktor hatten mir das schon gesagt. Es sei alles ok, der Krebs weggeschnitten; er ist nicht mehr da.

Ich verbringe eine ruhige Nacht. Ich habe keine Schmerzen und ich fühle mich gut. Mir steckt zwar ein bisschen Müdigkeit in den Knochen, aber nichts bedrückt mich.

Auf dieser Station fühle ich mich richtig wohl. Alle sind so freundlich und hilfsbereit. Ich bin erst kurze Zeit hier, aber ich bin beruhigt. Das Personal, stets freundlich lächelnd, gibt mir Sicherheit.

*

Mein Mann hat mit allen Leuten telefoniert, um sie über die Operation zu informieren. Ich hatte dafür eigens eine Liste der für mich wichtigen Personen aufgeschrieben. Auch hatte ich ihm aufgetragen den anderen, die nicht auf der Liste waren, nichts zu sagen. Es war meine Entscheidung - wer ja, wer nein - außer seinen zwei Freunden. Auch er braucht, und das ist offensichtlich, jemanden zum Reden. Ja, ja, ich bin da etwas eigenartig in meinen Entscheidungen, aber ich weiß genau, dass ich, um gute Heilungschancen zu haben ein positives Umfeld brauche und daher treffe ich all diese Entscheidungen: gut überlegte und für mich positive Entscheidungen.

Wenn dann die anderen von meiner Operation wissen werden, wird schon einige Zeit vergangen sein und ich habe dann auch sicherlich mehr Kraft auch die, die ich nicht so gut leiden kann, zu erdulden. Im Moment sehe ich es aus diesem Blickwinkel, auch wenn mein Mann damit nicht ganz einverstanden ist: „Sie werden es doch erfahren", sagt er, aber ich bleibe dabei, dass bestimmte Personen nicht informiert werden sollen. Und wenn sie es später doch erfahren – pah – was soll's!

*

Die Krankenschwestern des Turnus saugen mich ab, bringen die Schüssel (das ist soooo lästig – ich muss mich beeilen, damit ich selbst ins Bad gehen kann!), betten auf; geben mir das Gefühl der Geborgenheit. Sie sind immer sehr freundlich und hilfsbereit. Sie bleiben manchmal auch ein bisschen bei mir im Zimmer zum Reden. Ich antworte nicht – ich habe meine „stumme" Zeit (Das ist alles andere als einfach für mich – ich rede ja so gern und ständig!): ich antworte mit Gesten, schüttle den Kopf, bejahe und schreibe. Das ist eine ganz neue Art für mich, die Welt zu sehen… Und so vergeht die erste Woche: gut schlafen – wie schon immer – oft absaugen, die Arztvisiten, Ernährung mittels einer Sonde durch die Nase bis in den Magen… Die Sonde ist ein wenig lästig, aber erträglich. Es gibt Schlimmeres.

Ich sehe aus wie ein Elefant mit einem winzigen Rüssel. Wenn ich die Sonde nicht irgendwie befestige, pendelt sie mir vor dem Mund herum. Und wenn sie dann pendelt, zieht das in der Nase und das ist ein echt lästiges Gefühl, auch weil die Sonde mit einem Stich im Nasenloch festgenäht ist. Ab und zu denke ich wie es wäre, wenn es so bleiben müsste. Was würde ich tun?

Aber sofort vertreibe ich diese negativen Gedanken aus meinem Hirn. Ich habe auch überhaupt keinen Grund einen solchen Blödsinn zu denken. So schalte ich um und betrachte das Ganze von der heiteren Seite. An Selbstironie fehlt es mir sicher nicht. Ich bin froh, dass mir solche Vergleiche wie Elefant, Birnenkopf, usw. einfallen. Da muss ich innerlich lachen. Manchmal frage ich mich auch, ob ich in Zukunft wieder sprechen könne. Ich möchte den Rest meiner Tage nicht stumm wie ein Fisch verbringen. Auch gefällt mir der Gedanke nicht, stets alles aufschreiben zu müssen. Das wäre schrecklich!

*

Nach zwei, drei Tagen bin ich schon etwas selbständiger. Es bereitet eine riesige Freude, selbst ins Bad gehen zu können. Noch hilft man mir beim Waschen, aber ich bin sicher auch das schon bald selbst zu machen. Das Personal hat wirklich eine Engelsgeduld! Ich bewundere sie. Ich bin bestimmt kein leichter Patient. Ich habe Angst allein zu sein, wenn ich krank bin. Und dann… dieser Katarrh… sie müssen oft kommen, absaugen und die Kanüle putzen. Wenn sie dabei im Inneren an etwas stoßen ist das recht unangenehm, aber ich weiß, dass ihnen das nicht egal ist oder dass sie es zu eilig haben. Sie wissen nur nicht so hundertprozentig genau, wie weit sie hineinfahren. Es kann ja passieren. Das ist ein Augenblick, ein oder zwei mm zu weit und schon… au weh… es tut ein bisschen weh, aber geht auch schnell vorbei. Da ich nicht reden kann, reiße ich da nur die Augen weit auf. Die erste Zeit wenn du läutest und sie kommen nicht gleich, denkst du, du kannst nicht mehr atmen und hast das Gefühl fast zu ersticken. Da gerät man fast in Panik, die Beklemmung wächst und du bekommst noch mehr Katarrh. Im Moment trainiere ich meine Atmung. Ich versuche sehr langsam ein- und auszuatmen, mich auf Entspannung zu konzentrieren. In meinem Fall hilft das sehr gut und ich entspanne mich dann auch sofort. Wenn ich dann entspannt bin, atme ich besser ein und aus, die Zeit vergeht (zwei, drei, fünf Minuten) und dann kommt auch schon jemand vom Personal. Mit der Zeit werde ich immer sicherer. Ich möchte auch lernen meine Kanüle und den Ausgang im Hals, das Loch, selbst zu pflegen. Es kommt mir nicht so schwierig vor. Wenn ich den Schwestern genau zuschaue wie sie es machen, kann ich es sicher auch bald. Aber ich brauche dazu einen Spiegel. Ich werde meinen Mann sobald wie möglich darum bitten.

*

Man hört in Italien so viel vom schlechten Gesundheitswesen. Aber auf der Station, auf der ich mich befinde, kann man das wirklich nicht sagen. Alle, vom

Ersten bis zum Letzen, sind geduldig – nie ein schlechtes Wort, nie ein langes Gesicht, immer ein Lächeln auf den Lippen. „Wie machen sie das bloß", frage ich mich, „so professionell und doch so menschlich zu sein?" Auch die Turnusärzte verbreiten ein Wohlsein, innerlich und äußerlich. Sie untersuchen dich immer gründlich, erklären dir, was du wissen willst. Der Primar, immer mit einem Lächeln, macht seine Sache prima und man fühlt sich in besten Händen. Er benimmt sich nicht wie ein Gott auf Erden, wie so viele. Er nimmt sich Zeit für Erklärungen, fragt immer wie's einem geht und da fühlt man sich schon weniger krank. Er bringt dich zum Lächeln und du fühlst dich trotz deines Handicaps wohl. Ich denke eine gute Portion an Willen, die Schwierigkeiten in Angriff zu nehmen, geht von ihm, vom Pflegepersonal, den Schwestern, usw. aus. Man möchte ihnen irgendwie danken, aber es ist nicht leicht das Richtige zu finden und so tut man, was irgendwie geht selbst, man ist geduldiger. Sie sind eine optimale Equipe, die jeder gern an seiner Seite hätte (so glaube ich), wenn er im Krankenhaus sein muss.

*

Nun habe ich gelernt, mich selbst abzusaugen. Ich schaue den Schlauch etwas schief an, den Schlauch mit dem ich in die Kanüle fahren muss und… spitze… man saugt ab! Es ist auch nicht so einfach wie es aussieht. Du schiebst ihn rein, er stößt irgendwo an… auweh… du saugst und weißt nicht genau wie viel und wie lange. Du probierst, und probierst… dann geht es immer besser. Oft bleibt der Schlauch im „Loch" der Kanüle stecken und man kommt dann nicht weiter hinein. Dann muss ich ihn eben ein bisschen rotieren haben sie gesagt. Gut, probiere ich auch das. Aber diesmal gelingt es nicht. Auch gut, dann eben nur bis hierher und nicht weiter! Ich geb's auf! Mein Gott, wie viel Katarrh, scheußlich! Das werden wohl die Zigaretten sein, die ich geraucht habe. Ich hätte es auch ohne die machen können.

In der Zwischenzeit habe ich auch gelernt die Gegenkanüle zu entfernen, was nicht schwierig ist und nun putze ich sie selbst: mit einem kleinen Bürstchen, mit Wasser und Desinfektionsmittel. Ich versuche mich ein wenig nützlich zu machen. Mir reicht es nicht, von allen Hilfe zu bekommen, Ich muss mir auch den ganzen Tag irgendwie ausfüllen; ich werde mir dafür ein angenehmes, wirksames System entwickeln.

Ich habe beschlossen den Morgen (ich stehe immer früh auf, weil ich das so gewohnt bin) meiner persönlicher Hygiene zu widmen: ich wasche mich, creme meinen Körper ein – dazu habe ich mir eine gute Creme bringen lassen - wie das fein duftet. Ich muss es mir einfach gut gehen lassen! Beinahe hätte ich es vergessen: ich kann mir die Haare nicht selber waschen, dabei hilft mir ein guter Stern des Personals. Und sie macht mir auch eine ordentliche Frisur. Sie hat mir auch vor der Operation die Haare rasiert und ich muss sagen, sie ist richtig gut. Es ist nicht einfach sich die Haare zu waschen oder waschen zu lassen, wenn man eine Kanüle hat. Ich habe immer Angst, dass das Shampoo in sie hinein rinnt. Zu Hause wird mir mein Mann dabei helfen müssen, denn im Moment kann ich meinen linken Arm nicht bis auf Kopfhöhe hinaufstrecken. Hoffentlich wird mein Arm mit der Zeit beweglicher! Wer weiß! Dann löse ich zwei, drei Sudoku auf und lese ein bisschen. Ich habe viele Bücher da und ich lese sehr gern.

Nach dem Frühstück – ich ernähre mich noch mit der Nasensonde – kommen die Schwestern und mein Bett wird gemacht. Ah, die Ernährung mit der Sonde ist nicht so angenehm. Man schmeckt nichts und riecht wenig. Bevor ich das Essen in die riesige Spritze sauge, schnüffle ich ein bisschen und ziehe den Duft ein. Ich ernähre mich selbst. Ich warte bis das Essen nicht mehr heiß ist, dann hinein in die Spritze und... wenn ich alles sagen soll: ESSEN ist etwas ganz anderes. Immerhin ist auch das besser als die intravenöse, weiße Nahrung aus dem Sack. Wenn ich ein bisschen rülpse, hat man den Geschmack des Essens im Hals. Bah, immer besser als nichts.

Das Menü ist nicht besonders abwechslungsreich (jeden Tag zweimal eine Art von Püree – es ändert sich manchmal die Farbe, aber ist nichts Besonderes). Ich weiß, dass nicht alles für die Spritze geeignet ist, aber wenn es wenigstens einen anderen Geschmack hätte! Es gibt viele Sachen, die man pürieren kann!

Eine andere Sache, die mir komisch vorkommt: ich hatte nie Durst und auch jetzt bin ich nie durstig. Wahrscheinlich gibt es in meiner Diät genug Flüssigkeit. Am Anfang, ok, war ich an Flaschen angehängt und empfand meinen Mund wirklich sehr klein im Vergleich zu meinem riesigen, stark angeschwollenem Kopf. Trotzdem war mein Mund nie trocken. Nun habe ich die Spritze und so gebe ich mir nach jedem Essen zwei oder drei Spritzen Wasser. Das ist auch für die Reinigung gut. So trocknet das Essen nicht ein und die Sonde bleibt sauber.

Ich muss die Ärmel aufkrempeln, denn ich hoffe, dass sie mir bald beibringen, wie ich essen soll. Ich esse leidenschaftlich gern und ich werde es auch bestimmt schnell wieder lernen. Den guten Willen dazu habe ich ja.

*

Seit heute, dem neunten Februar, brauche ich nicht mehr so viel zu schreiben; ich habe angefangen zu sprechen, wenn auch ganz langsam; leise zwar, aber immerhin verständlich. In der Zwischenzeit, die Logopädin lehrt mich - zu meiner Rehabilitierung - wieder essen, habe ich schon vier Löffel Apfelmus und drei Löffel Wasser geschluckt. Nicht gerade einfach!

Am Nachmittag hatte ich einen fürchterlichen Husten! Ich konnte mich nicht mehr retten. Ich weiß nicht, ob es vom Essen kommt oder von sonst etwas; aber der Husten ist soooo lästig. Dabei war der Tag sonst so ruhig und fein. Es war auch wenig Besuch da, nur meine Freundin Lia und ihr Mann Edi.

Die Ärzte sagen mir, dass alles gut vorangeht. Ich bin noch geschwollen, innerlich und äußerlich. Ich bekomme jetzt keine Antibiotika mehr.

In der Nacht habe ich gut geschlafen. Wenn ich schlafe, schlafe ich – Gott sei Dank hatte ich noch nie im Leben Schlafprobleme. Ich werde auch ganz selten wach. Beim Aufwachen, an diesem Morgen, kratzt mich etwas im Hals. Bei der Visite sage ich es den Ärzten. Sie erklären mir, dass ich eine kirschgroße Geschwulst, ein Ödem, auf der Naht habe. Außer dem Magenschutz nehme ich im Moment keine Medizin.

Auch heute habe ich wieder mit der Logopädin gearbeitet. Ich muss viel sprechen und soll probieren Eiswasser zu trinken. Wenn ich winzige Schlückchen nehme, geht es ganz gut. Das tut auch dem Hals gut, so ist er feuchter. Ich unterhalte mich mit den Frauen, deren Männer wie ich operiert sind. Auch gehe ich im Korridor auf und ab (1000 Schritte – zwei-, dreimal täglich). So vergeht die Zeit schneller und ich bleibe in Form. In diesen Tagen habe ich auch sehr viele SMS an Verwandte und Freunde geschrieben.

*

Mein Freund Golia, ein weicher Plüschtiger, ist so herzig. „Ein Plüschtiger in meinem Alter", werdet ihr denken. Ich finde ihn wichtig: er schaut mich lieb an, ich drücke ihn und er bringt mich zum Lachen. Er hat ein komisches Gesichtchen. Wenn ich nervös bin, drücke ich ihn fest (und er jammert nie), fast behandle ich ihn schlecht. Laura hat ihn mir geschenkt, ganz kurz vor der Operation. Sie hat gewusst, was ich brauche und durch den kleinen Tiger ist sie mir nahe. Den Namen gab ich ihm wegen meinem Hals. (Hals heißt auf Italienisch „Gola").

Auch mein Schuldirektor ist eine herzliche Person. Er antwortet mir sogar auf die SMS, wenige, aber die richtigen Worte. Er gibt mir Zuspruch und so brauche ich mir auch wegen der Arbeit keine Sorgen zu machen.

Viele Kolleginnen kommen zu Besuch. Iris, die in der Nähe wohnt, ist sehr lustig und gibt mir moralischen

Zuspruch. Wenn ich ganz ehrlich bin, habe ich bislang noch keine Krisen und kein Gefühl der Hoffnungslosigkeit gehabt. Ich weiß nicht, ob dieses Benehmen von mir so ganz normal ist. Ich fühle mich nicht niedergeschlagen und bedarf eigentlich auch keines Zuspruchs. Eins ist aber dennoch sicher: es gefällt mir, wenn man mir Mut macht – ich müsste lügen, wenn ich's nicht zugeben würde - aber es ist nicht unbedingt erforderlich. Ich bin ein bisschen eingebildet und es gefällt mir sehr, umhegt und geachtet und… zu werden. Das tut meinem Ego sooo gut!

Die Besuche freuen mich, aber manche machen mich auch fast wütend. Ich werde zornig, wenn ich sage: „Es geht mir wirklich gut und ich fühle mich auch so", dann schauen manche als ob ich irgendeine Lüge erzählt hätte oder besser gesagt schon mit einem Fuß in der Grube stünde. Sie wollen einfach nicht oder fast nicht wahrhaben, dass es jemanden mit einer schweren Krankheit wie der meinen (das Wort Krebs lässt fast alle erschauern) sogar gut oder fast gut gehen könnte. Ooooooohhhh, ich kann sie nicht ausstehen!

Heute bin ich so richtig zufrieden, weil ich wieder sprechen und auch schlückchenweise etwas trinken kann. Ich mache Fortschritte, ganz kleine, aber immerhin Fortschritte. Jetzt ist es Zeit ins Bett zu gehen, ich muss mich waschen, umziehen, etwas lesen und dann… schlafen – ich wünsche mir so gut zu schlafen wie letzte Nacht, ich wurde nur einmal wach.

Man beginnt wieder richtig zu essen

Heute, der 12. Februar, ist ein erinnerungswürdiger Tag. Ich habe kleine, volle Löffelchen Vanillepudding und Apfelcreme gekostet. Ein Arzt hat mir dabei geholfen. Ich hab's so richtig genossen: essen, im engsten Sinn des Wortes, ist wirklich etwas ganz anderes als die Ernährung durch die Sonde. Und... eine Engelsgeduld hat der Doktor, wenn er mir x-mal erklärt wie ich schlucken soll. Ich muss doch tatsächlich alles wieder neu lernen, aber es gelingt mir bestimmt. Da bin ich mir ganz sicher. Ich muss mich genau konzentrieren. Luft und Essen zusammen, das passt gar nicht! Und man hustet auch ganz schön stark, wenn man etwas falsch macht.

Auch am Nachmittag gab es ein wenig Pudding. Es ist ein herrliches Gefühl, wenn dir etwas Essbares den Hals hinunterrutscht... und so köstlich! Und erst das Aroma!

*

Viele Leute kommen zu Besuch. Das ist sehr unterhaltsam und die Zeit vergeht schnell. Wenn ich die Leute beobachte, die zu mir kommen, wird mir erst bewusst, wie unterschiedlich sie sind; auch in der Hinsicht, mich und meine Pathologie zu akzeptieren. Manche, auf meine Kanüle hinweisend, benenne sie mit „dieses Ding da"; vielleicht beunruhigt sie der richtige Namen, dann fragen sie mich schüchtern: „ Aber... (Pause), bekommst du sie dann weg oder... (Pause) ist es für immer?" Wenn ich ihnen dann erkläre, wie die Dinge stehen, scheinen sie mehr oder weniger erleichtert zu sein. Einige benehmen sich ganz normal, während es anderen gelingt, in dir innerlich, eine geringe Heiterkeit zu schaffen. Und zum Schluss kann natürlich auch die personifizierte Neugier nicht fehlen. Das sind die Personen, die du sonst nie gesehen hast und die nur kommen, um die Neuigkeit zu sehen und sie dann überall erzählen zu können, natürlich in ihrer eigenen Version.

Zum Glück gibt es die richtigen Freunde, mit denen man lachen und scherzen und Gott sei Dank auch ernsthaft über alles reden kann.

Am nächsten Tag gab es wieder etwas zum Essen, diesmal wurde ich dabei von der Ärztin unterstützt. Es gab Pudding und Apfelcreme. Ich habe nur zweimal gehustet. Das passiert mir, wenn ich nicht aufpasse und mich nicht auf das Schlucken konzentriere: ich muss mir in Gedanken eine Art Sequenz wiederholen (genauso wie die kleinen Kinder in der Schule) um zu verhindern, dass ich zugleich schlucke und einatme.

Ich habe mich hervorragend mit einer Krankenschwester unterhalten. Wir haben über die Gefühle gesprochen, wenn man die Kanüle absaugt, bewegt, herausnimmt und berührt. Sie hat mich gefragt, was am lästigsten ist und was nicht. Um ehrlich zu sein, das einzige was stört ist, wenn man zu weit in den Hals hinunterfährt und ihn innen berührt. Wenn man die Kanüle wieder einsetzt kann es zum Brechreiz kommen, aber in dieser Hinsicht war ich schon immer ein bisschen „delikat". Dasselbe Gefühl verspüre ich manchmal, wenn man mir das Halsband, das die Kanüle hält, anbringt, da sich diese dann im Innern bewegt, was mich dann zum Husten bringt und mich auch würgt.

Am Sonntag ist stets reger Besuchstag. Auch den heutigen Nachmittag habe ich so verbracht. Ich liege in einem Einzelzimmer und da ich auch keine spezielle Behandlung brauche stören wir niemanden. Nachmittags bin ich meistens ziemlich frei.

Ich habe auch ein Schwätzchen mit dem Primar gehalten. Er hat mir erklärt, dass mein Kehlkopf nun viel kleiner ist;

ungefähr ein Viertel von früher. Damit man's versteht, mein Kehlkopf arbeitet wie eine Hand mit zwei Fingern. Ich muss nur Geduld haben und probieren und probieren, und… Er kann sehr gut die Leute aufmuntern! Er hat eine klare und professionelle, aber trotzdem menschliche Art die Dinge zu erklären.

Heute Morgen gab es kein Esstraining, der Arzt hatte leider zu viel zu tun. Schade! Aber morgen komme ich bestimmt wieder an die Reihe. So entscheide ich mich für den Spaziergang, wie gewöhnlich den Korridor auf und ab. Da treffe ich immer Leute; man bleibt stehen, redet über dies und das und… weiter geht's! Ich muss mich jeden Tag bewegen: für den Kreislauf, die Muskeln, usw.

Heute ist Valentinstag. Am Nachmittag hat mein Mann mir eine blaue Rose gebracht! Wunderschön! Dann haben wir über alles Mögliche geredet und zusammen einen kleinen Spaziergang gemacht.

Heute ist mir auch eine komische Geschichte passiert: eine Frau, die ich nur vom Sehen kenne, kam zu Besuch. Die Szene war richtig grotesk. Mit einem etwas wirren Blick blieb sie an der Zimmertür stehen und von dort aus, ohne einen Gruß, beginnt sie mich mit einer gehörigen Portion an Neugier von oben bis unten zu mustern. Plötzlich fragt sie mich: „Was hast du gemacht?", und ich antworte: „Eine Operation." Da schaut sie mich wieder genau an… ohne etwas dabei zu sagen. Danach, eilig mit einem verärgerten Ton, vielleicht wegen meiner kurzen Antwort, probiert sie es mit einer zweiten Frage: „Darf man wissen was du hast?" Ich antworte in aller Ruhe mit nur einem Wort „NEIN!" Da fixiert sie mich ohne etwas zu sagen, dreht sich um und geht. Affentheater denke ich. Wenigstens sollte man zuerst grüßen und fragen wie es einem geht! Wie wäre es mit ein bisschen guter Kinderstube?

*

Nachdem ich mich für die Nacht vorbereitet und ein bisschen gelesen habe, beginne ich nachzudenken: ich müsste fragen, ob ich mit einer Psychologin reden könnte. Ab und zu kommen mir abends nicht gerade positive Gedanken was meine Krankheit und das Leben, das ich führe, betreffen. Ich muss Ordnung in meine Gedanken bringen. Mit meinem Mann kann ich nicht geradeheraus über alles sprechen, weil er ein nicht so positiv eingestellter Mensch ist und auch weil er sich so schon genug Sorgen macht. Daher verstehe ich nicht, wie er mir moralische Unterstützung geben könnte.

Meine Mama, die im Jahr 1960 an Krebs operiert wurde, hat bei einem Psychologen Unterstützung geholt. Sie hat mir immer gesagt: „Wenn euch einmal der Krebs trifft, holt Rat bei einem Psychologen. Dies ist sehr wichtig! Man muss alles Unnütze und Schädliche entfernen, auch in der Seele. Man muss reinen Platz machen." Ich denke genauso. Wir werden sehen, was sich machen lässt. Ich werde mit der Ärztin sprechen. Komisch... das will ich keinen Arzt fragen, sondern die Ärztin. Warum? Nun gut, deswegen werde ich mein Hirn nicht anstrengen. Jetzt werde ich gut schlafen. Danach fällt mir bestimmt das Richtige ein.

Noch etwas: heute bin ich schon drei Wochen hier. Unglaublich wie schnell die Zeit vergeht.

Am nächsten Tag wache ich ausgeruht auf. Das Wetter ist nicht schön; draußen ist es bewölkt und düster. Da werde ich mir einen angenehmen Ruhetag machen, denke ich. Dann richte ich mich für den Tag her. Ich mache meine Riesentoilette: waschen, Körper eincremen, Gesichtscreme, positive Gedanken, ein Lächeln, usw. Ich muss es mir gut gehen lassen! Nach dem Frühstück löse ich dann wie gewöhnlich zwei, drei Sudoku auf, lese ein wenig und höre Radio 2. Auf diese Art vertreibe ich die Zeit bis zur Arztvisite. Danach mache ich täglich im Hausgang meine tausend Schritte. Ab und zu begleitet mich eine Frau, die ihren Mann betreut. So haben wir uns kennengelernt und sprechen über uns und alles Mögliche. Manchmal kommt er auch mit.

Heute habe ich außer den Hauptmahlzeiten auch zwei Puddings gegessen; einen am Vormittag, einen am Nachmittag. Ich muss mehr essen. Ich wiege nur noch 62 kg! Das ist einfach zu wenig. Vor der Operation wog ich 67 kg. Die Diätärztin, ein herzlicher Mensch hat mir gesagt, dass ich zunehmen muss, wenigstens bis zum alten Gewicht. Sie wird mich dann, wenn ich zu Hause bin, weiterhin betreuen, was das Gewicht und das Essen betrifft. Sie wird mir Puddings mit vielen Kalorien, Integratoren und kalorienreiche Getränke verordnen. Sie wird mir alles was nötig ist, kurz vor meiner Entlassung erklären.

Ich wiege mich jeden Tag nach dem Aufstehen, aber es wird nicht mehr: nur 62 kg. Heute habe ich zwei Puddings, das ganze Mittag- und Abendessen aufgegessen und noch zwei kalorienreiche Getränke zu mir genommen.

Ich habe die Ärztin wegen der Psychologin gefragt. Sie hat mir geantwortet, dass sie das sehr gut findet. Auch ich bin davon überzeugt. Ich will es unbedingt. Ich habe eine Zeit, in der es mir nicht schlecht, aber auch nicht ausgezeichnet geht.

Ein „NEIN" Tag

Heute ist der 18, Februar. Es ist ein echter „NEIN" Tag. Ich wiege fast einen Kilo weniger! Die Sache mit dem Gewicht scheint für mich eine Art Besessenheit zu werden. Ich wiege mich, wie gesagt jeden Morgen. Ich werde mit der Diätärztin darüber sprechen. Ansonsten beginnt der Tag ganz gut.

In der Visite sagen sie mir dann, dass ich möglicherweise auch die Bestrahlungen machen muss. Sie empfehlen mir, dass ich, falls der Krebsarzt der Bestrahlungstherapie mir dazu rät, sie bejahen soll. Natürlich, ich tue immer, was mir meine Ärzte raten; ich vertraue ihnen blind und werde ihren Rat bestimmt befolgen. Während sie mich operierten, hatten sie drei positive Lymphdrüsen gefunden. Sie haben mir aber auch gesagt, dass alles entfernt wurde. Ja, hoffentlich! Ich bin mir auch bewusst, dass es keine hundertprozentige Sicherheit gibt und dass man auch nie immun wird (das wäre eine tolle Sache...). Wir werden ja sehen, wie es ausgehen wird. Ich hoffe es ist nicht „Sch...e".

Den ganzen Tag geht's dann so weiter mit vielen negativen und gegensätzlichen Gedanken. Ein Tag, den man eine poetische Lizenz benutzend einen „Scheißtag" nennen könnte. Ich fühle mich niedergeschlagen und ich bin besorgt: „Wer weiß, ob alles weggeschnitten ist? Wer weiß, ob die Gefahr vorbei ist? Wer weiß, vielleicht ist eine bösartige Zelle entwischt und nun wandert sie ungestört durch meinen Körper? Wer weiß..." Mir gehen so viele „wer weiß" durch den Kopf!

Ich habe ein Gefühl, das sich so ungefähr wie Machtlosigkeit gemischt mit Wut anhört. Ich denke: „Eine echte Sch...e" und ich verspüre eine riesige Lust auf den Boden zu spucken (ich tu es doch nicht – ich denke an die

Raumpflegerinnen) und zu schreien. Aber wie kann man ohne Stimme schreien? Mir fällt das Gemälde „der Schrei" des Malers Munch ein. „Was kann ich machen?" Ich habe die Lösung dann auch gleich gefunden: ich beginne zu schreiben und schreibe und schreibe... Das entspannt mich ungemein. Ich muss wenigstens diese meine Erzählung zu Ende bringen… und vielleicht gelingt es mir auch! Aber wer weiß! (Mein Mann hat recht, wenn er sagt ich bin tragisch eingestellt! Das ist dann wohl doch mein Wesen...)

Unterdessen bin ich hier, warte und hoffe. Dann überlege ich. „Was würde meine Mutter sagen, wenn sie mich so sähe?" Ich benehme mich wie ein verwöhntes Kind, dem man sein Lieblingsspielzeug weggenommen hat. „ICH WILL UND DARF MICH NICHT UNTERKRIEGEN LASSEN! Ich bin STARK und ich lasse mich nicht zerstören!" Dann denke ich besser nach: „Alles falsch. Ich muss positiv denken und nicht Worte wie nein, nicht, nie, … verwenden." Dann fange ich von vorne an. Nun denke ich: „ICH BIN STARK UND WERDE GESUND! Ich bin STARK, SEHR STARK, DIE STÄRKSTE! Ich werde kämpfen, ICH WERDE KÄMPFEN und dann werde ich gewinnen, ICH WERDE GEWINNEN!" Ich muss zugeben, dass ich manchmal etwas größenwahnsinnig bin und alles andere als wenig von mir überzeugt. Auch mein EGO ist STARK! So beruhige ich mich nach relativ kurzer Zeit und denke mit größerer Klarheit. „Wenn ich den Ärzten vertraue und ihnen glaube, warum zweifle ich also an ihren Worten und fange an die Hoffnung zu verlieren? Im Moment gibt es gar keinen einzigen Grund dazu." Mein Gehirn tickt ab und zu nicht ganz richtig. Was kann ich da bloß tun!

Wie durch Zauberei kommt auch die Psychologin auf eine kurze Plauderei vorbei und auch um das Datum der ersten Sitzung zu bestimmen. Wir reden eine Weile über alles Mögliche und ich habe einen guten Eindruck. Ich fühle mich wohl und wir beschließen, uns am kommenden Montag zu treffen. Ich bin neugierig, wie das funktioniert und es geht mir auch schon viel besser. Endlich habe ich wieder innerlich Frieden und, wie durch ein Wunder sind auch alle meine Sorgen verschwunden. Ich bin wieder ich, die alte Barbara, die Kämpferin mit viel, viel Selbstvertrauen.

Im Grunde genommen, wenn man's genau nimmt, ist es ganz normal, dass ich so ein Verzweiflungsgefühl gehabt habe: vorher, in der Tat, war ich nie verzweifelt, höchstens ein wenig besorgt, aber nicht der Rede wert.

Jetzt aber, nach diesem unkontrolliertem Ausbruch, spüre ich, dass ich allem ins Auge sehen und es dann bewältigen kann.

*

Der heutige Tag präsentiert sich besser als der gestrige. Nach einer ruhigen Nacht in der ich nie aufgewacht bin, fühle ich mich wie neugeboren und ganz ruhig. **Ich muss mir angewöhnen bei klarem Verstand kalt zu überlegen und nicht wenn ich schon nervös, ängstlich und konfus bin.**

Heute war viel Besuch da, am Vormittag und am Nachmittag. Meine Freundinnen Laura und Tella haben mich oft zum Lachen gebracht. Lachen ist wirklich gesund! Mit den beiden unterhalte ich mich immer gut, aber sie sind mir auch in schwierigen Situationen eine große Hilfe. Besonders Laura gelingt es, jedem viel Energie und Wohlbefinden zu vermitteln.

Auch meine beiden Männer, Franco und Roger, haben mich heute besucht und so haben sie mich das erste Mal wieder essen sehen: Minestrone (eine dicke Gemüsesuppe) von zu Hause, gedünstete Erbsen und das alles gut gemixt, cremig – wie es sein soll. „SCHLÜRF". Ich habe mir auch

Bananen bringen lassen, Streichkäse, eine Dose Fleischaufstrich, usw. Wir werden ja sehen, ob das hilft. Ich bin immer noch wegen meinem Gewicht besorgt. Es will nicht mehr werden! Einerseits wäre es so auch genug, ein bisschen weniger rund als vorher, aber andererseits muss ich zunehmen um die Strahlentherapie bestmöglich zu ertragen.

Um alles glatt heraus zu sagen, das Essen auf der Station glänzt nicht gerade durch Abwechslung. Ich kann ja verstehen, dass es nicht leicht ist die Gänge auszuwählen, die für Personen wie mich passend sind – Personen mit Kanüle – aber jeden Tag Püree! Der Geschmack, wenn auch gut (ich mag Püree sehr gern), ist immer derselbe; es ändert sich nur die Farbe. Wenn ich an die Kinder denke, die ich in der Schule unterrichte (Schwerstbehinderte), die nur pürierte Speisen bekommen… sie essen nicht nur Püree! Sie haben sogar ein sehr variiertes Menü. Zum Glück gibt es das Stationspersonal, das mich vor den abnormalen Püreewellen rettet. Sie geben ein bisschen Frischkäse darunter, tauschen Gänge aus, usw. Auf diese Art kann ich mein Menü ändern… auch, weil ich ja keine vorgeschriebene Diät einhalten muss.

„Fast hätte ich es vergessen: mit Erlaubnis des Doktors habe ich auf der Terrasse frische Luft geschnuppert. Einige Minuten nur, aber es war herrlich: die frische Luft in der Nase, die Sonne auf der Haut. Ein richtiger Genuss! Das werde ich auch morgen machen, wenn wieder ein so schöner, strahlender und nicht kalter Tag ist.“

Ich habe die Tage gezählt, die ich nun schon im Krankenhaus bin. Es sind schon vier Wochen. Mir kommt es gar nicht so lange vor… sie sind auch schnell vergangen.

„Uff, auch heute wieder nur 62 kg.“ Ich habe mich zweimal gewogen, um sicher zu sein. Ich kann's nicht glauben.

Der Tag vergeht in einem Auf- und Ab-Gefühl, Sorgen, positive Gedanken, Heiterkeit. Ein flotter Mix. Wir werden sehen wie es weiter geht. In der Zwischenzeit denke ich nach, was ich zu Mittag essen werde.

Da ich viel Katarrh habe, muss ich inhalieren. Alle drei Stunden zirka zehn Minuten lang. So wird der überflüssige ausgeschieden. Nach dem Inhalieren ist viel Katarrh herausgekommen. Um ehrlich zu sein, es war scheußlich. In dieser Hinsicht war ich immer schon empfindlich. Ich hoffe, dass ich diese Nacht gut schlafen werde und nicht immer nur Katarrh entfernen muss. Wenn es so weiter geht, komme ich gar nicht ins Bett!

Ich habe mich mit der Instandhaltung der Sondenröhre befasst. Ich will nicht wieder eine Wandmalerei mit dem Essen riskieren! Ich muss immer noch lachen, wenn ich daran denke. Welch eine Schande! Im Grunde genommen nicht; ich konnte es ja nicht verhindern… Es hat sich die Röhre von der Spitze gelöst und „Platsch" sofort ergoss sich das ganze Püree über die saubere, weiße Wand: ein gelbes, bizarres Gemälde.

Heute gab es zum Mittagessen gemixte Tortellini. Ich muss alles fein gemixt essen: eine Krankenschwester beaufsichtigt mich dabei, kontrolliert und wenn es sein muss, hilft sie mir, mich abzusaugen. Aber heute warte ich und warte, aber sie kommt nicht. Ich weiß nicht, warum ich so lange warten muss, ich habe Hunger und werde auch langsam müde. Sie hatte gesagt, sie käme gleich, aber das war schon vor fast einer Stunde. Nun bin ich sehr müde. Es ist nicht das Warten an sich, sondern das nicht Wissen „wann". Wenn dir jemand sagt: „Fünf Minuten…" und dann „einen Moment" und es vergeht fast eine Stunde… da wird man nervös und das macht müde. Da weißt du genau, dass du dich dann verschluckst. Ich hätte es lieber, man würde mir sagen, dass ich eine Stunde warten müsste. Da könnte ich mich organisieren, etwas zum Zeitvertreib tun. Ich bin mir bewusst, nicht der einzige Patient zu sein, der Hilfe braucht, wir sind viele. Gott sei Dank passiert das sehr selten; es kann ja mal geschehen. Dann ging's doch letztendlich nicht so schlecht. Ich habe alles aufgegessen und das ohne große Schwierigkeiten. Wie dem auch sei, ich bin froh, wenn ich das alles alleine schaffen werde.

Und die Nacht! Ich habe von 22.20 Uhr bis 5.40 Uhr durchgeschlafen. Noch nie habe ich so gut geschlafen; wahrscheinlich, weil viel Katarrh entfernt worden war, habe ich besser geatmet.

Nach der Morgentoilette habe ich gefrühstückt und danach kam die Visite. Der Doktor hat gesagt, dass ich innerlich noch geschwollen sei („die Kirsche") und daher muss ich die Sonde noch ertragen. Ich muss auch noch besser trinken lernen. Noch sind sie nicht bereit, mich nach

Hause zu entlassen. Ehrlich gesagt habe ich es auch nicht eilig, denn ich will sicher sein, es dann alleine zu schaffen.

*

Ich habe eine Stunde bei der Psychologin verbracht. Wir haben über alles Mögliche geredet, die Dinge die mir durch den Kopf gehen und über das, was ich mir von ihr erwarte. Das tat mir gut, auch wenn ich weinen musste. Sie hat mir geraten, von jetzt an an „von heute an..." zu denken und nicht an das, was hinter mir liegt. Man kann die Vergangenheit nicht ändern und ich soll mich nicht schuldig fühlen. Das Weinen hat mich von vielen Ängsten befreit. Ich habe von meiner Mutter, meinen Verwandten, usw. gesprochen. Nun fühle ich mich entschieden besser.

*

Beim Abendessen habe ich mich zuuu gut unterhalten und so habe ich mich sogar zweimal verschluckt. „Barbara, du musst mehr aufpassen! Nicht auf die anderen hören, nur ans Essen denken!" Aber es war einfach zu lustig und, einmal kann man auch über die Stränge hauen! Man kann nicht immer ernst bleiben.

Antonella, eine Freundin, hat mir ein sehr unterhaltsames Buch gebracht. Es ist etwas gewagt. Ich habe schon zwei kurze Geschichten daraus gelesen und dabei herzlich gelacht. Ich lese gern und viel. Hier habe ich die unterschiedlichste Lektüre zur Hand.

Ein großes Desaster! Ich habe den Spiegel zerbrochen! Ich bin nicht abergläubisch, aber ich wollte ihn einer Krankenschwester schenken. Er schaute aus wie die Lupe von Sherlock Holmes in Übergröße. Ich hätte ihn ihr gerne da gelassen. Nun ist er in Scherben; er ist einfach auf den Boden gerutscht. Schade!

Mit dem Essen geht es besser, aber das Trinken bereitet mir einige Probleme. Ich verschlucke mich häufig, so versuche ich nur schlückchenweise und ganz langsam zu trinken.

Ich habe nun auch gelernt die Kanüle herauszunehmen und dann wieder einzusetzen. So kann ich, wenn es nötig ist, mich selbst absaugen, die Kanüle reinigen… Zu Mittag habe ich ALLEIN gegessen! Niemand war da. Ich fühle mich riesig… wie gut! Dann habe ich mich gewaschen, eingecremt und die Kanüle wieder eingesetzt. Die habe ich dann kontrollieren lassen. Ich möchte unterwegs nicht eventuell ein Stück verlieren; so fühle ich mich auch sicherer.

Ich habe auch mit dem Primar gesprochen. Er hat mir geraten die Strahlenbehandlung zu akzeptieren, wenn man sie mir empfiehlt. Er erklärt mir auch, dass sich dann die Wiederherstellung verlangsamen wird, aber er sagt mir auch, dass ich trotzdem ganz geheilt werden würde. Das tut gut. Dem Primar gelingt es immer, mich zu beruhigen und mir positive Gedanken zu vermitteln, dank seiner Gelassenheit und Ruhe, begleitet von einem gewinnenden Lächeln. Ich habe volles Vertrauen zu ihm. Wir werden ja sehen, was man mir am Montag sagen wird. Ich bin bereit alles zu ertragen. Ich will diesen Kampf gegen den Krebs unbedingt gewinnen und ich bin überzeugt, dass ich gewinnen werde! Es wird nicht leicht sein, aber ich weiß ich kann es schaffen! Ich bin bereit und… „Volle Kraft voraus!" Ich habe viele Leute um mich, die mir dabei helfen und die mir nahe stehen. In dieser Hinsicht habe ich Glück. Noch einmal: „Volle Kraft voraus!"

Die Genesung geht voran, wenn auch langsam, so scheint mir. Ich bin beruhigt und die Sorgen werden immer weniger. Schmerzen habe ich keine, ehrlich gesagt waren sie nie sehr stark: auch das zählt viel.

*

Der Besuch bei der Psychologin, einmal die Woche, hilft mir sehr. Da ich die Möglichkeit habe, will ich ordentlich aufräumen. Wir diskutieren über viele Dinge; meine Pathologie bedrückt mich eigentlich nicht (der Krebstumor ist weggeschnitten, eliminiert), aber es gibt viele Dinge die ich nicht „verdaut" habe, Dinge die sich im Laufe der Zeit angehäuft haben, Sachen die ich schlecht oder gar nicht verarbeitet hatte. Das alles blieb mir sozusagen „im Halse stecken" und ich unterstrich das alles auch durch eine Geste. Ich denke all dies hat dazu beigetragen, dass ich ein Magengeschwür und Krebs bekam. Das war jahrelanger Stress, der nicht ab- sondern zunahm. Die Psychologin hat mir auch ein Buch zu lesen empfohlen: „Sich gefallen" – und nicht – „gefallen", das diese Themen behandelt. Ich bestelle es sofort über Internet. Ich spreche gern mit der Psychologin und erarbeite gerne mit ihr meine Unsicherheiten... es ist als ob sich der Horizont erweitern würde.

Ich war auch bei der Diätärztin. Diese hat mir geraten, wenn ich dann zu Hause bin, das normale Essen mit kalorienreichen Getränken (sie schmecken mir nicht besonders) und Puddings zu bereichern. So werde ich hoffentlich zunehmen.

*

Der Arzt hat mir gesagt, dass man mir die Magensonde vielleicht morgen herausnimmt. „Wie schön, ohne diesen Schlauch, der dir vor dem Gesicht herum pendelt." Hoffentlich kann ich dann alles essen und, was mir mehr Sorgen bereitet, genug trinken. Aber ja, sage ich mir, ich habe ja genug und oft probiert. Nur Mut! Ein neuer Abschnitt beginnt. Wir sind nun ein gutes Stück weiter. Olé!

*

DER GROSSE TAG – OHNE SONDE AUS DER NASE! Mir kommt das so komisch vor, dass nun nichts mehr Lästiges aus der Nase kommt. Ich werde nun in kleinen Schlucken trinken, sonst verschlucke ich mich. Ich habe ja genug Zeit. Es ist leicht gesagt: „Trinke genug", aber die Realität sieht anders aus. Es ist schwierig; ich glaube das war absolut das Schwerste, dass ich mitmachen musste. Die Ärzte hatten mich schon darauf vorbereitet. Es ist wichtig die Dinge im Vorhinein zu wissen, da ist man darauf vorbereitet und kann die Situation leichter bewältigen. Ich bin froh auf dieser Station zu sein. Sie sagen dir immer, was du wissen musst, ohne dabei ganz ins Spezifische zu gehen – du riskierst dann nur nichts mehr zu verstehen – aber gleichzeitig sagen sie dir alles in ausreichender, verständlicher Form. Das ist das Beste, denke ich.

Die Logopädin hat mir erklärt, oder besser gesagt mich gelehrt, wie das Trinken funktioniert. Schlucken kann ich ja schon. Im Moment kann auch gar nichts passieren. Ich habe ja noch die Kanüle; im schlimmsten Fall huste ich ein bisschen.

*

Bald darf ich nach Hause. Ich bin froh darüber, auch wenn ich mich hier überhaupt nicht beklagen kann. Nun ist es wirklich an der Zeit in die Normalität zu Hause zurückzukehren, zu den Dingen, die ich vorher tat. Ich habe gemerkt, dass ich mir hier drinnen im Krankenhaus meine eigene Welt schaffe, sehr beschützt und außerhalb jeder Realität. Man könnte denken, dass ich verrückt geworden bin, aber das ist es nicht! Ich fühle mich nur sicher und habe das Gefühl unbesiegbar zu sein. Fast tut es mir leid zu gehen, weil ich nicht genau weiß, was nach der Entlassung auf mich zukommt. Vielleicht passiert das auch anderen, vielleicht ist es auch nur Einbildung. Wer weiß!

Im Moment denke ich nicht mehr daran, auch weil ich heute viele Besuche hatte. Ich bin wirklich müde. Vielleicht habe ich auch zu viel geredet. Ich spüre die Müdigkeit auch beim Gehen. Meine Beine sind bleischwer… Es ist besser mich auszuruhen und zeitig ins Bett zu gehen.

Nach einem tiefen, herrlichen Schlaf – von 21.30 Uhr bis 6.30 Uhr – fühle ich mich wie neugeboren. Nur ein bisschen schwindlig bin ich noch. Der Blutdruck ist etwas niedrig. Ich hoffe ich bekomme nicht die Grippe, die zur Zeit überall grassiert. Ich wünsche mir selbst: „Guten Sonntag!".

Mein Bruder mit Familie hat mich besucht. Sie sind aus Österreich gekommen und dann lange geblieben, zirka drei, vier Stunden. Es hat mich sehr gefreut, auch wenn es ein bisschen anstrengend war, besonders das viele Reden. Ich werde eben jetzt rasten. Auch meine Tante mit Sohn und meine Cousins waren schon da. Spitze! Ich muss es meinem Cousin hoch anrechnen, dass er mich besucht hat, denn er erträgt sehr schwer die „Krankenhausluft" und dann war er damals zu Besuch, als ich noch an allen möglichen Schläuchen angehängt war.

Auch diese Nacht habe ich gut geschlafen, auch wenn ich heiß hatte und schwitzte. Der Rest war ganz normal. Man hat mir die Fäden um die Kanüle herum gezogen. Es blutete ein bisschen, aber nichts von Bedeutung.

Nachdem man mir den Floh ins Ohr gesetzt hat, dass ich bald nach Hause könnte, bereite ich mich auf diesen Augenblick vor. Ich bin nun ein wenig glücklicher darüber. Fast bin ich froh. Man wird ja sehen, wie es dann zu Hause geht, nach mehr als einem Monat Krankenhausaufenthalt.

Mit dem Essen geht es gut (noch alles püriert), mit dem Trinken ausreichend. Ich muss mich nur sehr darauf konzentrieren und die Anleitungen genau befolgen.

*

Heute ist der 1. März und ich bin nun schon einen Monat und eine Woche hier im Krankenhaus. Wenn man genau nachdenkt ist nun wirklich schon eine lange Zeit vergangen, aber ich habe es fast nicht gemerkt. Die tägliche Untersuchung ist gut verlaufen. Der Arzt hat mit größter Gründlichkeit meinen Hals, die Kanüle, kurz und gut, einfach alles, genau untersucht. Vielleicht wird morgen der große Tag meiner Heimkehr sein; der Arzt hat es mir während der Untersuchung gesagt. Seit man von meinem eventuellen nach Hause gehen gesprochen hat, bin ich sehr angespannt, auch wenn ich noch nicht genau weiß, wann das sein wird. Ich hoffe morgen. Das Risiko, enttäuscht zu sein, wäre groß: einmal ja, dann nein, dann ja... Wir werden sehen, was passiert.

Die Sitzungen bei der Psychologin helfen mir, mir meine Vergangenheit bewusst zu machen und das trägt dazu bei mein Leben bewusster und ausgeglichener zu sehen. Das ist wirklich eine große Hilfe und ich denke es wird für mich ein echtes Instrument zur Bewältigung der Krankheit und der Heilung sein. So ist Ordnung - innerlich und äußerlich! Ich werde die Psychologin auch nach meiner Entlassung in Anspruch nehmen.

Die Diätärztin hat mir auch ein Paket mit Zusatzernährung mitgegeben und mit mir einen neuen Termin vereinbart. Ich werde zunehmen! Ich wiege immer noch nur 62 kg! Ich muss auf wenigstens 65 kg kommen. Das werde ich sicherlich schaffen! Ich esse ja sooooo gern! Ich werde auch das ewige Püree (ich kann es nicht mehr sehen) hinter mir lassen und den Speisezettel grundlegend ändern. Nicht immer dasselbe... Mir läuft schon das Wasser im Mund zusammen wenn ich daran denke! Ich werde mir alle Leckereien der Welt kochen, auch wenn ich sie dann pürieren muss. Das ist nicht wichtig. Ach, das war ein richtig positiver Tag!

Endlich nach Hause

Ich habe die ganze Nacht durchgeschlafen. Heute bekomme ich die letzte Untersuchung als Krankenhauspatient, denn es geht heimwärts. Super! Man gibt mir auch ein Absauggerät. Ohne dieses könnte ich im Moment nirgendwo hin. Auf der einen Seite bin ich froh darüber, andererseits kommt es mir komisch vor. Draußen weht ein starker, kalter Wind. Hoffentlich hört er auf, wenn ich hinausgehe.

Ich warte auf den Entlassungsbrief und verabschiede mich vom Personal. Auch der Primar grüßt mich herzlich. Er kann stolz auf seine Abteilung sein: alle sind sehr professionell und doch menschlich, verantwortungsvoll und auch lustig. Es ist auch sein Verdienst. Ich werde immer daran denken, wie viel Glück ich hatte, von diesem so besonderen Personal geheilt, gepflegt und bedient worden zu sein und dafür werde ich ihnen immer dankbar sein. „Vielleicht bin ich ab und zu über die Grenze geschossen, verzeiht es mir, aber ich war wirklich gern bei euch. Wir vergessen wahrscheinlich oft, dass wir ein bisschen zu viel von euch verlangen. Ihr habt ja nicht nur einen Patienten!"

WIEDER ZU HAUSE

Nach der Entlassung aus dem Krankenhaus, am 2. März bin ich in mein „altes" Leben zurückgekehrt. Ich begann nicht gleich zu arbeiten, denn ich musste vorher noch die Bestrahlungstherapie machen. Das habe ich mit dem Primar und dem Arzt des „Follow up" besprochen. Ich weiß nicht, was da auf mich zukommt, auch wenn, so wie man sagt, diese Therapie leichter erträglich sein soll als eine Chemotherapie. Ich will mir auch nicht schon jetzt darüber den Kopf zerbrechen, also warte ich ab. Ich habe viel zu tun: das Essen pürieren, absaugen, Kanüle putzen… die Hausarbeiten erledigen, lesen, fernsehen. Komisch, das Fernsehen hat mir im Krankenhaus nie gefehlt. Ich hätte auch die Möglichkeit dazu gehabt, aber nach einer halben Stunde hat es mir nicht mehr gefallen. Auch hier zu Hause interessiert es mich nicht besonders. Ich ziehe vor etwas zu lesen, Sudoku aufzulösen, Spanisch zu lernen usw. Ich habe mich verändert, das ja. Ob besser oder schlechter, weiß ich nicht, aber ich muss sagen ich gefalle mir wesentlich besser!

Mein Mann ist ein bisschen verunsichert. Er weiß nicht so recht, wie und was er mir helfen soll. Ich sage ihm, wenn ich Hilfe brauche, werde ich ihn das wissen lassen. Ich will so viel wie möglich alleine klar kommen. Da fühle ich mich weniger behindert und besser in Form. Er hat ja auch viel zu tun: Holz holen… und mir die Haare waschen. Ich kann es mit der Kanüle nicht alleine tun und ich bringe auch den linken Arm nicht weit genug in die Höhe.

Die Bestrahlungstherapie

Nach ungefähr zehn Tagen bekomme ich den erwarteten Anruf. Ich muss eine Computertomografie ohne Kontrastmittel und die Besprechung der Strahlentherapie machen. Mein Mann begleitet mich in dieses Krankenhaus und der Arzt, der mir damals zur Bestrahlungstherapie geraten hat, macht die Computertomografie. Er erklärt mir, dass ich dreißig Sitzungen machen muss und dass dies zur Vorbeugung dienen würde. Außerdem bräuchte ich keine Chemo. Toll! Dann wird mir eine Art Sturzhelm angegossen der ganz eng an Kopf und Hals sitzt und bis zu den Schultern hinunterreicht. Diesen bekomme ich dann bei der Behandlung aufgesetzt. Da wird mir ganz schön mulmig: ich kann mich nicht bewegen, rein gar nicht, und ich denke an meine Kanüle, meinen Luftspender. „Wenn sie mir die blockieren? Was dann?" Gott sei Dank geht alles gut. Man sagt mir auch nicht allzu viel; ich werde schon sehen, was dann morgen passiert. Dann geht's wieder ab und nach Hause.

Die Tage vergehen und nach ca. einer Woche beginne ich mit der Behandlung. Das erste und das zweite Mal begleitet mich Franco, mein Mann, dann fahre ich allein mit dem Bus. Man hat eine gute Verbindung und es macht nicht müde. Ich muss sagen, der „Bunker" hat mich sehr beeindruckt: ich bekomme Angstzustände wenn ich nur dran denke. Man fühlt sich so hilflos und ausgeliefert, ganz winzig klein. Ein gräuliches Gefühl! Besonders der „Helm" auf dem Kopf, der dich einzwängt, du bist an der Liege angeschnallt (fast wie angenagelt) und dieses „Ding" fährt über dich hinweg... und man kann nichts anderes tun als warten bis es vorbei ist. Mir kamen dabei die schrecklichsten Gedanken: Brand, Überschwemmung, die Tür geht nicht auf, usw. Ich habe mit den Technikern über meine Angstgefühle gesprochen und sie waren alle wirklich sehr nett. Sie sprachen mit mir während der Behandlung und erklärten, was gemacht wurde. Sie gaben mir stets positiven Zuspruch. Dadurch ist es mir auch gelungen meiner Angst etwas besser Herr zu werden. Ich muss diesen Leuten ein wirklich großes Lob aussprechen. Ich habe auch mit dem Arzt dieser Station darüber gesprochen.

Ich habe auch die Psychologin um Rat gefragt und sie hat mir geraten die Angst in Zorn umzuwandeln. Den Zorn bekommt man viel leichter in den Griff als die Beklemmung. Und ich sage, es funktioniert wirklich. So konnte ich auch noch einiges aus meinem Unterbewusstsein bearbeiten und entfernen. Olé! Zwei Fliegen auf einen Schlag!

Zu Beginn sprach man von fünfundzwanzig Behandlungen, aber nach der fünfundzwanzigsten hat man mir mitgeteilt, dass ich noch weitere fünf, aber andere Bestrahlungen zu machen hätte, genau an den kritischen Punkten. Wenn man muss, muss man, aber ich war ganz und gar nicht erfreut darüber.

Im Bus habe ich einen Herrn kennengelernt, der wie ich zur Behandlung fuhr und bereits früher Kehlkopfkrebs operiert worden war. Wir tauschten unsere Erfahrungen aus, und lachend und schmunzelnd vergingen diese wenig erfreulichen Tage schnell und wurden etwas erträglicher. Ab und zu treffen wir uns heute noch; manchmal bei den monatlichen Kontrollterminen oder wir telefonieren... Es ist so ungeheuer wichtig, über diese Dinge zu sprechen, über den Krebs, usw. Das ist eine positive Art an die Dinge, die so viel größer sind als wir, heranzugehen. Am besten eignen sich Personen, die auch an Krebs leiden. Da hat man mehr Gemeinsames.

Nun habe ich auch diese Therapie hinter mir. Mir ging's dabei recht gut: ich habe mich nicht verbrannt; auch auf Grund der Creme die ich fleißig anwendete. Nun ist wieder ein Kapitel abgeschlossen und abgehakt.

Wieder zur Arbeit

Gegen Ende Juni habe ich wieder angefangen zu arbeiten. Ich habe eigentlich noch nicht genug Stimme, aber es wird immer besser. Die Schüler sind schon in den Ferien und meine Kolleginnen und mein Kollege sind sehr nett. Sie helfen mir, wo sie können. Auch kommen bald die Sommerferien und da kann ich mich dann so richtig erholen.

Seit September bin ich wieder als Stützlehrerin tätig und befasse mich mit einer schwerstbehinderten Schülerin. Auch mit den anderen Kindern läuft alles ohne Probleme. Sie sind direkter und gehen leichter mit bestimmten Dingen um, als die Erwachsenen. Die Lehrer haben ihnen, auf meine Anweisung hin erklärt, dass ich operiert worden sei und dass es mir noch an Stimme fehle. Das war ihnen auch als Erklärung ausreichend. Ab und zu fragen sie mich, wie es mir geht und ob es schon etwas besser wird und sonst nichts. Ich habe auch einmal die Klassenlehrerin vertreten und die Schüler haben sich ausgezeichnet benommen. Sie diskutierten unter sich und beschlossen sehr leise zu sein: „Wir müssen still sein, die Lehrerin hat wenig Stimme." Ich bin mir selbstverständlich dessen bewusst, dass es für mich unmöglich wäre eine Klasse zu führen, denn meine Stimme reicht nicht aus und das Sprechen macht mich noch ziemlich müde.

*

Früher habe ich geraucht; es ist unglaublich, aber in dieser Zeit habe ich nie an die Zigaretten oder ans Rauchen gedacht. Ich habe keine Gelüste danach und auch keine Entzugserscheinungen. Komisch, wer weiß warum! Zu Beginn kann ich es auch verstehen; es wäre auch nicht möglich gewesen. Mir kommt das Lachen, wenn ich an eine Zigarette denke, die in der Kanüle steckt! Ich hatte daher auch keine Schwierigkeiten mit dem Aufhören.

Im Moment habe ich noch die Kanüle. Sie wird erst entfernt, wenn ich ohne sie gut atmen kann.

DIE ZEIT
DER LASEREINGRIFFE

Der erste Lasereingriff

Im November habe ich einen neuen Eingriff gehabt – einen Laser – um das Ödem zu reduzieren, das sich auf dem Kehlkopf gebildet hat. Nun atme ich besser, aber es ist immer noch nicht ausreichend. Ich brauche nur etwas Geduld und sicherlich wird auch dieses Problem gelöst werden. Die Ärzte, die sich um mich kümmern, sind Klasse und bestens ausgebildet. Man spricht immer von schlechter Sanität – aber es gibt auch die hohe Qualität.

Einmal im Monat gehe ich zur Kontrolluntersuchung; ab und zu habe ich einen Termin für Ultraschall oder für ein Blutbild. Im Moment ist alles ok.

Ich muss euch sagen: „Dieses Jahr ging wirklich schnell vorbei!"

*

Ah, die Haare! Auch der ästhetische Teil hat seinen Wert. Während der langen Zeit im Krankenhaus und dann zu Hause sind sie sehr lang gewachsen. So „schön lang" und ohne das geringste Anzeichen eines Schnittes, vor allem mehr grau als gefärbt. Zuerst war ich voll überzeugt, einmal entlassen, sie wieder zu tönen… oder besser… ich wollte alles machen um wieder in Form zu kommen. Während der Bestrahlungen hat mir mein Sprengelarzt geraten sie nicht zu färben. Auch habe ich mich mittlerweile daran gewöhnt mich mit einer silbernen Mähne zu sehen. Dann habe ich mich entschlossen: „Ich werde meine Naturfarbe behalten. Ich lasse mir ein paar weiße und schwarze Streifen färben… und ab geht's!" Meine Frisöse brauchte einige Male, um mich zufrieden zu stellen; aber das Endprodukt – mein neuer Look – gefällt mir sehr. Ich fühle mich großartig.

*

Nun mache ich die Kontrolle nur noch alle zwei Monate, wie das das „Follow up" vorschreibt. Im Moment läuft alles bestens, ich hatte keinen Rückfall und man hat keinen Knoten entdeckt. Beim Computertomogramm nach zirka einem Jahr machte ich mir einige, nicht ganz positive Gedanken. In meinem Kopf schwirrten Gedanken wie die folgenden herum:

„Und wenn sie etwas finden…"

„Wer weiß ob's gut ausgeht…"

„Und wenn der Tumor wieder da ist? Kann man mir dann trotzdem die Kanüle entfernen?"

Andererseits sagte ich mir: „Nein, nein, es kann nichts sein. Mir geht es super, die Gesichtsfarbe ist nicht schlecht, das Gewicht stimmt (Nun darf ich nicht mehr zunehmen!)." Nachdem ich meinen Körper genau angeschaut habe, bin ich wieder fast unbesorgt und habe mir auch gleich gedacht: „Ich darf mich einfach nicht um Dinge sorgen, die irgendwann kommen könnten oder vielleicht auch nie. Wenn es nichts Pathologisches gibt, war die Sorge umsonst und wenn es etwas gibt, hatte ich wenigstens eine feine Woche. Man muss sich mit den Dingen nur im richtigen Moment befassen!" So habe ich ruhig und gelassen auf das Ergebnis der Untersuchung gewartet. Das Ergebnis: negativ! Keine suspekten Knoten, keine Metastasen. Da fiel mir ein großer Stein vom Herzen. Wie immer fühlte ich mich erleichtert und gut.

Bei der nächsten Kontrolle muss ich daran denken nachzufragen, wann man eventuell das Kanülenloch zu schließen gedenkt. Wenn ich ganz ehrlich bin, fängt es an lästig zu werden. Nicht wegen der Kanüle an sich, aber wegen dem drum herum. Ich möchte sooo gern auf Urlaub fahren. Aber wohin? Ans Meer…? Nein. Dort ist Sand und Salzwasser, diese könnten in meinen Hals gelangen… In eine Stadt? Mm… dort gibt's Feinstaub, im Sommer ist es heiß… In die Berge… Ich wohne ja im Gebirge und das reicht. Kurz und gut. Wo ich auch hinfahre, müsste ich meinen Absaugapparat mitnehmen und alles Nötige für die Reinigung der Kanüle und das ist auch nicht besonders angenehm.

Und wenn wir dann auch noch über das Klima sprechen! In diesem Winter hat mir die Kälte sehr zu schaffen gemacht. Sie rutschte mir den Hals hinunter wie ein Eiszapfen. Im Moment, es hat schon lange nicht mehr geregnet, ist es die Trockenheit, die mir zu schaffen macht. Sie kratzt im Hals und du fühlst dich innerlich ausgetrocknet wie ein Schmirgelpapier. So richtig wohl fühle ich mich nur im Haus mit eingeschaltetem Luftbefeuchter. Dazu kommt jetzt als Tüpfelchen auf dem „i" eine riesige Verkühlung mit Schnupfen und Halsweh. Mir brennt's wie Feuer im Hals! Da inhaliere ich immer mit Wasser und Bikarbonat oder mit Salz und Holunderblüten. Das hilft ein bisschen, weil es das Atmen erleichtert.

Die Trockenperiode scheint kein Ende zu nehmen, meine Geduld dagegen schon! Wenn ich genau nachdenke, weiß ich ja, dass die Ärzte sicher sind, wann die Kanüle entfernt werden kann oder wann nicht.

Ich mache mir Mut, indem ich an all diejenigen denke, denen es entschieden schlechter geht als mir, die die keine Hoffnung auf Heilung haben, an die die viel leiden müssen. Ich kann mich auch gar nicht so richtig beklagen. Ich mache, was ich immer gemacht habe: arbeite, lese, gehe spazieren (vielleicht nicht so lange, aber immer), esse ohne alles pürieren zu müssen, treffe meine Freunde, usw.

*

Die Zeit vergeht und seit dem Lasereingriff ist bereits ein Jahr vergangen. Bei jeder Kontrolle hoffte ich, dass man mir sagen würde: „Machen wir noch einen Eingriff mit dem Laser", aber dazu hat es ein Jahr gebraucht. Ich habe auch nicht sehr darauf bestanden, darauf beharrt, weil es ja nicht von mir abhängt. Ich habe Vertrauen in das Ärzteteam, das mich betreut und ich fühle mich gut behandelt. Meist gehe ich nach der Kontrolle hinauf in den sechsten Stock, um die Krankenschwestern zu besuchen. Sie sind so herzlich und sehr gut ausgebildet.

*

Nun, nach einem Jahr seit der Operation, beginnt mir das „Halsband" etwas eng zu werden. Ich fühle mich sozusagen ein bisschen an der „Leine". Ich habe die Nase voll von der Kanüle; da es mir ja ansonsten so prächtig geht, möchte ich endlich ein „normaleres" Leben führen. Mir fehlen bestimmte Dinge wie schwimmen, das Meer, die Reisen ins Ausland, usw. Ich mache einen Kurzurlaub von zwei, drei Tagen irgendwo in Österreich oder in Italien, aber es ist so unbequem all die nötigen Sachen mitzunehmen. Wenn ich mich dann in einem Restaurant oder Kaffeehaus verschlucke und fürchterlich husten muss, ist mir das sehr unangenehm. Da bräuchte ich manchmal fast ein Leintuch, um alles abdecken zu können! Ich weiß manchmal nicht im Voraus, aus welchem Loch der Schleim herauskommen wird. Was mich aber in diesem Jahr am meisten gestört hat, sind diese so mitleidigen Blicke die man mir zuschickte, wenn ich sagte, dass die Kanüle irgendwann wegkommen würde. Da schauen sie dich an, als möchten sie sagen: „Das glaubst wohl nur du selber... siehst du es nicht... du Arme!" Das ist einfach widerlich! Ich könnte ihnen an die Gurgel hüpfen! Am Arbeitsplatz hingegen hatte ich keinerlei Schwierigkeiten. Als Stützlehrer brauche ich auch keine laute Stimme und so werde ich auch nicht sehr müde. Ich liebe meinen Beruf, er gibt mir sehr viel und das Mädchen, das ich betreue ist wirklich ein Schatz.

*

Während der Kontrolluntersuchung im Oktober spricht man von einem neuen Eingriff mittels Laser. Na ja, man hat sich nun dazu entschlossen damit ich endlich besser atmen kann. Und wer weiß, vielleicht kann man dann die Kanüle entfernen! Auch der Primar hat mich untersucht; das ist normal, da ja er mich lasern wird. Es gibt nur zwei Personen, die ich an meinen Hals heran lassen würde. Darin bin ich ganz schön fixiert, aber es ist eine Vertrauenssache, die bereits erprobt ist. Nur die zwei kennen meinen Rachen und meine Krankengeschichte in- und auswendig. Man sagt mir auch, dass ich nach dem Eingriff ziemliche Schmerzen haben werde. Das sagt man mir auf professionelle, aber menschliche Art und das beruhigt mich ganz, sodass ich dem Eingriff ganz gelassen entgegen sehe. Es ist unheimlich wichtig, dass einem die Dinge gesagt werden, wie sie sind. Sonst reicht eine Kleinigkeit aus, dich zum Weinen zu bringen oder die Dinge negativ zu sehen. Ab und zu bin ich auch etwas überempfindlich, das weiß ich, aber wenn ich mich unsicher fühle... und wenn sie nicht auf die Fragen antworten, die ich stelle, fühle ich mich winzig und... weine, weine, weine. Dann ist es schwierig damit aufzuhören. Gott sei Dank ist mir das nur einmal passiert.

Endlich – der zweite Lasereingriff

Guter Dinge lasse ich mich ins Krankenhaus einweisen. Das ist für mich ein Leichtes, da ich ja schon das ganze Personal kenne und mich fast wie zu Hause fühle. Es ist fast wie Ferien – im Vorhinein bezahlte Ferien, versteht sich. Ich bin bereit und hoffe sehr, dass es der letzte Eingriff sein sollte. Ich bin voller Hoffnung, auch wenn mir – wie immer – die Vollnarkose Angst macht. Darum frage ich immer ob ich vorher schnell noch den Primar begrüßen kann. Das macht er gern und ich lasse mich dann in Ruhe narkotisieren.

Der Eingriff hat länger als geplant gedauert, aber man hat Einiges mehr gemacht. Außer dem Ödem hat man mir auch die Zungenbasis etwas „abgeschliffen". Was mache ich jetzt ohne meine „lange" Zunge? Na ja sie ist ja noch spitz genug!

Man sagt mir, dass ich in den nächsten Tagen und Wochen noch Schmerzen haben werde. Ich kann mir auch nicht genau vorstellen, was auf mich zukommt. Aber die Aussicht auf Schmerzen gefällt mir nicht besonders. Wie wird's mir mit dem Essen, dem Trinken gehen? Und mit dem Schlucken und dem Sprechen? Wird es schwierig sein? Werde ich mich oft verschlucken? Wenn ich ans Essen denke, komme ich jetzt schon ins Schwitzen. Es gibt aber genug Mittelchen, um nicht unnütz leiden zu müssen. Im Grunde genommen, bin ich da nicht besonders heldenhaft!

Mein Gott, wie viel Katarrh! Das reicht mir schon bald. Besteht eine Infektion? Vielleicht ist irgendwo eine Faser der Gaze. Oh, wie ich diese hasse! Überall liegen Fäden davon herum. Oder ist es nur der ganz normale Ablauf der Dinge? Die Dame im Bett daneben ist ganz besorgt um mich, wegen dem Katarrh, aber davon erzähle ich später.

Während der ersten Zeit, etwas mehr als eine Woche, werde ich künstlich ernährt. Eine weißliche Infusion in die Vene. Ich habe keinen Hunger und auch keine Gelüste nach etwas. Meine armen Venen! Jeden zweiten Tag geht eine drauf... manchmal auch eine pro Tag. Ich schaue aus wie eine Drogenabhängige „der alten Schule". Überall Einstiche und blaue Flecken. Gott sei Dank spüre ich wenig Schmerzen. Ich frage mich nur, ob ich genug Venen haben werde. Nach einigen Tagen schaue ich die Nadeln schief an. Ich muss auch tief einatmen, wobei mir die Entspannungsgymnastik sehr viel hilft: Ich habe in der Krebsabteilung bei der Psychologin einen Kurs besucht und diese neuen Techniken der Entspannung helfen mir sehr. Ich kann sie nur jedem empfehlen, da sie in bestimmten Momenten eine große Hilfe sind. Wenn ich mich nicht entspanne, bin ich steif wie ein Stockfisch vor dem Kochen! Und wer kann da eine Nadel reinkriegen? Ich denke: „Geht's diesmal glatt oder nicht? Zieht sich die Vene zurück? Hoffentlich geht's gut!" Und die armen Krankenschwestern leiden mit mir... und ich mit ihnen. Es ist ja nicht ihre Schuld. Und sie sind weiterhin auf der Suche nach einer guten Vene...

Nun fühle ich mich im Hals viel freier als zuvor, aber es reicht noch nicht aus für eine zufriedenstellende Luftzufuhr. Na, es wird schon werden, rede ich mir ein. Ein bisschen Geduld und alles löst sich in Wohlgefallen auf. Ich bin zuversichtlich und hoffe fest, dass es das letzte Mal war. Eine innere Stimme flüstert mir zu: „Und wenn es nicht so ist, was dann?"

*

Jetzt will ich von einer kleinen, lustigen Episode erzählen, die ich mit meiner Bettnachbarin, einer sehr flotten, alten Dame, hatte. Sie sieht mir zu, wie ich immer den Katarrh absauge, schlägt die Hände vor das Gesicht und sagt nur: „Oh, oh, oh... meine Arme, ich bete für dich!" Da fängt sie an zu beten. Ich denke mir: „Wenn sie auch für mich betet, schadet das bestimmt nicht." Das geht dann den ganzen Tag so weiter und auch am nächsten Morgen: „Oje, oje, oje, oh... ich bete für dich, oh du Arme... ich kann dir nicht einmal einen guten Appetit wünschen... oh, oh, oh. Na so was! Was ist das für ein Leben. Das tut mir aber leid für dich! Oh...oh!" Bald danach wird die Dame entlassen, aber bevor sie geht, erzählt sie mir noch von ihrem armen Bruder: „Er hatte dasselbe wie du", sagte sie, „er hatte auch einen Tumor im Hals, wie du. Er musste so viel leiden wie du!", und dann, zum Schluss sagt sie auch: „Alles war umsonst; er ist bald darauf gestorben." Die Dame hat mir damit eine Brise an Optimismus geschenkt, denke ich. So eine Anekdote kann mir ja nur Glück bringen und ich musste dann auch herzlich darüber lachen. Was hätte ich sonst tun sollen?

*

Man ruft mich zur täglichen Visite und man sagt mir, dass sie auch die Kanüle wechseln werden. Bis jetzt hatte ich die mit dem Bällchen, nun bekomme ich eine mit Fensterchen, d. h. mit einem Loch. Der junge Arzt sagt, dass ich mich hinlegen soll. Warum? Was will er machen? Ich hoffe, keine komplizierte Untersuchung! Nun legen sie mir auch das grüne Tuch über meinen Körper, ich lege die Arme an die Seite und warte. Ich fühle mich wie eine Mumie vor dem… bah, ich weiß nicht vor was. Und was kommt dann? Es passiert nichts Weltbewegendes: der Arzt tauscht nur die Kanüle aus. Das wird wohl eine neue Methode sein. Ich bin etwas perplex. Besonders auch, weil ich zu Hause ja die Kanüle putze, dazu entferne ich sie und gebe sie wieder hinein und das im Stehen. Wie ginge das auch liegend? Hm, in zwei Jahren… dieses Experiment fehlte mir noch!

Ich habe eine Apfelcreme zu essen probiert. Natürlich unter strenger Aufsicht des Doktors und der Krankenschwester. Es ging alles glatt. Keine Komplikation wie z. B. Husten. Na, endlich kann ich wieder etwas Richtiges essen. So kriege ich endlich den „Sack" weg, kann das Essen richtig genießen und werde auch einige Venen retten! Zudem kann ich dann frei herumspazieren, auch wenn ich vorher trotz Infusion meine Spaziergänge machte. Bewegung tut mir gut! Ich kann nicht immer nur liegen oder sitzen; mir tun schon die A…backen weh!

Der Katarrh scheint auch weniger zu werden. Es war auch an der Zeit! Es wird mir fast immer schlecht dabei, auch wenn's mein eigener ist. Das war schon immer mein Problem und ich kann wenig dagegen tun. Wenn ich mich z. B. aufrege, muss ich husten, ich werde ganz verstopft und produziere Katarrh wie eine Fabrik. Brrr! Im Moment bin ich wie ein altes Weiblein, das zu viel Schnupftabak erwischt hat. Ich spucke, spucke, spucke.

Seit zwei Tagen übe ich nun das Essen und das Trinken. Es geht auch besser als gedacht. Wenn ich dann wieder alles essen kann und genug trinke, darf ich nach Hause. Meine Lunge wurde geröntgt und auch sie ist in Ordnung. Es wurde ein Ultraschall am Hals gemacht und das Resultat war negativ. Das sind tolle Nachrichten!

Diesmal hatte ich zehn Tage Krankenhausaufenthalt. Es scheint alles gut gegangen zu sein. Aber die Atmung? Ich glaube, dass es noch nicht ausreicht, aber inzwischen gehe ich heim und erhole mich. Ich mache alles genau so, wie verlangt. Ich bleibe im Warmen, spreche wenig, ruhe mich aus, usw. Es ist nicht ganz einfach für mich zu schweigen! Ach du Sch…! Mit dem Essen geht es ganz gut, auch wenn mir ab und zu etwas in den „falschen Schlund" gelangt. Nicht, dass das Schlucken anders wäre, aber oft kitzelt mich etwas im Hals und dann muss ich husten und so kommt einiges wieder aus der Kanüle heraus. Das ist nicht gerade angenehm, aber da kann ich nichts dagegen tun. Ich versuche es mit schief gehaltenem Kopf… nichts… mit erhobenem Kopf… das gleiche. Ich versuche verschiedene Positionen… wieder kein Erfolg. Aber es ist nicht immer so. Beim Frühstück, z. B. bin ich allein, ausgeruht und sehr konzentriert, da passiert mir nichts. Niemand spricht mit mir, da ich ja schon um fünf oder um sechs Uhr aufstehe. So genieße ich diese Zeit, die Stille und die Ruhe so richtig. Beim Mittag- und beim Abendessen passiert mir Einiges. Ich weiß auch nicht so recht warum; vielleicht bin ich zu müde, weniger konzentriert, mehr abgelenkt.

Bei der ersten Kontrolle nach diesem Eingriff fragt mich der Arzt nach dem histologischen Ergebnis. Ich kann das nicht beantworten, weil ich es nicht weiß. Wahrscheinlich habe ich im Krankenhaus nicht darauf geachtet. Typisch ich. Da ich keine Nachricht bekommen habe, nehme ich stark an, dass alles ok ist und ich mir keine Sorgen zu machen brauche. Daher ist es auch kein Problem für mich. Sonst verläuft alles nach Plan, nur der Katarrh ist immer noch stark und daher verschreibt man mir Aerosol-Inhalationen.

In den Weihnachtsferien, nach den ersten Feiertagen, beschließe ich einige Tage in Österreich bei meiner Tante in Osttirol zu verbringen und meine anderen Verwandten zu besuchen. Zu Beginn geht alles gut, aber nach zwei Tagen plagt mich die trockene Luft in der Wohnung, in den Häusern und auch draußen im Freien. Die Luftfeuchtigkeit kommt nicht über 35% hinaus und am zweiten Abend war meine Stimme nur mehr ein Flüstern. Am nächsten Morgen war sie fast gar nicht mehr zu hören. Schweren Herzens beschließe ich nach Hause zu fahren und mich zu erholen. Ein bisschen Abwechslung hätte mir gut getan… sei's also das nächste Mal!

*

Nach den Ferien kehrt wieder der Alltag ein: Schule, Haushalt… nichts Weltbewegendes.

Die Kontrolluntersuchungen gehen glatt voran, auch wenn das Atmen immer noch nicht so richtig funktioniert.

Oft lasse ich die Kanüle stundenlang gut verschlossen und putze sie nur nach dem Essen und schlafe auch so. Manchmal wache ich mit dem Stöpsel in der Hand auf, so als wäre er eine Trophäe. Ich muss mir etwas einfallen lassen, damit mir so etwas nicht mehr passiert: vielleicht einen Schal eng herum wickeln und dann verknoten. Ich werde sehen, ob das funktioniert.

Bei der Arbeit ist alles wie immer. In der Grippezeit werde auch ich krank. Ich bekam die gräuliche Magen-Darm-Grippe, die bei uns in der Schule viele Opfer forderte. Aber auch das geht vorbei. Bei dem Wetter, es ist immer kalt und es schneit, kann ich nur selten zu meinen Verwandten nach Osttirol fahren. Ich bleibe bei mir zu Haus, im Warmen, arbeite ein bisschen, langweile mich auch, also nichts Großartiges. Die Zeit der ewigen Eile ist vorbei: ich entspanne mich, gehe alle Dinge mit größerer Ruhe an und genieße meine Freizeit. Vor allem habe ich gelernt, ab und zu nichts zu tun. Unglaublich, aber wahr!

Bei der Atmung funktioniert noch nicht alles, wie es sollte: ich muss langsam tief ein- und ausatmen und mich konzentrieren. Nicht immer kann ich die Kanüle den ganzen Tag lang geschlossen halten. Ich fange an, mir wirklich Sorgen zu machen: „Und wenn sie mich nun doch nicht zunähen können?" Ich will gar nicht daran denken, mich gehen lassen oder aufgeben. Wenn nicht, gibt es bestimmt noch eine andere Möglichkeit!

Bei der Kontrolluntersuchung Mitte April spricht der Arzt mit mir über meine Atemschwierigkeiten und erklärt mir die Situation; auch dass im Moment an eine Entfernung der Kanüle nicht zu denken ist, da ich noch nicht mit Sicherheit ausreichend durch den Mund oder die Nase atmen kann.

Lasereingriff Nummer drei -

Ich übersiedle

Er rät mir auch, im Einverständnis mit dem Primar, in eine speziell für Kehlkopf ausgerichtete Klinik in der Nachbarregion zu fahren, um dort eine zusätzliche Beratung einzuholen. Ich bin fast entsetzt und mein Gesicht spricht Bände! Der Arzt versucht mich zu beruhigen und es gelingt ihm auch fast. Er sagt scherzhaft, ich solle mich nicht wie ein abgeschicktes Paket fühlen! In Gedanken sehe ich vor mir, wie man das Paket aufmacht und eine „alte", reife Frau kommt heraus: Die Augen möchte ich sehen!

Aber... es gibt meist ein „aber"! Bevor ich zu dieser Beratung muss, habe ich etwas anderes vor. Ich will nach Spanien zu einer Hochzeit fahren! Der Rest kann warten. Ich habe schon alles geplant: Arbeit, Flugtickets, und natürlich eine riesige Lust, dem Alltag zu entschwinden. Der Arzt sagt, dass es dabei keine Probleme gibt und die Untersuchung könnte man ohne weiteres auch danach machen. Ich bereite meinen Koffer vor und ab geht's!

In Spanien habe ich mich richtig gut unterhalten, auch wenn es mit der Kanüle nicht immer leicht war, z. B. beim Spazieren gehen, beim auswärts Essen usw. Aber es hat sich auf jeden Fall gelohnt. Meinen Lebensabend würde ich gern in Spanien verbringen – aber daran denke ich wenn's an der Zeit ist. Ich muss ja noch mindestens fünf Jahre lang arbeiten. Uff!

Nach meiner Rückkehr und voller Energie bin ich bereit das neue Abenteuer anzugehen. Ich melde mich beim Arzt der HNO und er sagt mir, dass er mir Bescheid geben wird, sobald sie ein Treffen mit der anderen Klinik organisiert hätten. Nach ein paar Tagen ruft er mich an und ich fahre dorthin.

Ich werde dort vom Primar untersucht und dieser sagt mir, dass nicht viel zu tun sei: einen Laser und mehr nicht. So wie er es darstellt, scheint es ganz einfach zu sein. Wenn ich aber an die Schmerzen danach und die Rehabilitation denke, bin ich gar nicht so sehr erfreut. Ich bin auch wegen meiner Stimme besorgt. Ich will gar nicht daran denken! Man setzt den Termin für den Eingriff für zehn Tage später fest. Ich versuche mich psychologisch darauf vorzubereiten. Es ist nicht einfach, das Krankenhaus und all das drum herum zu wechseln, besonders wenn man sich immer wohl gefühlt hat. In einem guten Krankenhaus hat man das Gefühl der Sicherheit und man ist überzeugt, dass einem nichts Unangenehmes passieren kann. Man erinnert mich an ein altes Sprichwort: „Die erste Liebe vergisst man nie!" Da muss ich lächeln und ich denke, dass das stimmt. Nach und nach schöpfe ich Mut. Auch der Arzt sagt mir, dass ich dort in optimalen Händen sei.

Auf dem Hinweg, um ehrlich zu sein, schon zu Hause, hatte ich einige komische Ideen, wie zum Beispiel: „Wenn ich einfach nicht hingehe… und wenn ich die Arztvisite schwänze, so wie die Schüler, wenn sie nichts gelernt haben oder nicht in die Schule gehen wollen - wenn ich ehrlich bin, hatte ich immer zu viel Angst vor den Folgen - … und wenn ich durch Venedig bummle… ?" Viele Ideen und keine die realisierbar ist.

Da ich eine lange Strecke vor mir habe, bin ich um drei Uhr aufgestanden. Dort angekommen, habe ich mich einer Reihe von Vorbereitungstests für den Eingriff unterzogen. Der Arzt ist sympathisch und zeigt mir am Bildschirm wo man was machen wird. Wir sprechen über alles: meine Sorgen um die Stimme usw. Ich sage ihm, wenn etwas schief geht und meine Stimme weg ist, bin ich arbeitsmäßig am Ende, da ich Lehrerin bin und ohne Stimme das unmöglich wäre. Er sagt mir, dass meine Stimme zuerst weniger laut sein würde und dann, nach einiger Zeit wiederkäme. Die Tests sind in Ordnung. Ich bin fast fertig, es fehlt nur noch das Lungenröntgen und das Gespräch mit dem Narkosearzt.

Und da beginnt das Dilemma. Man findet eine Lungenentzündung. Das fehlte mir noch! Auch ein Lungenfacharzt untersucht mich und verschreibt mir Medizin. Der Eingriff ist geplatzt und ganz zerknirscht fahre ich wieder nach Hause. Ich gehe zum Hausarzt, hole die Medizin und lasse mich krankschreiben. Nach ein paar Tagen wiederhole ich das Röntgten und man sieht, dass noch Spuren der Krankheit vorhanden sind. Panik macht sich in mir breit, da der Arzt mir auch vorschreibt in die Röhre zu gehen. Ich bin aufgeregt und sehr besorgt. Wenn man nun Metastasen findet? Ich will gar nicht dran denken. So vergeht die Zeit in einem ständigen Auf und Ab. Sofort nach der Untersuchung sagt mir der Arzt, dass die Lungenentzündung ausgeheilt ist. Den Rest der Daten muss ich abwarten. Nun mal schnell tief durchgeatmet. Ha – das ist eine Erleichterung. Am nächsten Tag habe ich alle Ergebnisse und schicke sie gleich in das Krankenhaus und bekomme dann auch sofort einen neuen Termin.

Diesmal fahre ich mit ruhigem Gewissen dorthin, der Eingriff mit dem Laser wird gemacht; ich bleibe über Nacht im Krankenhaus und erhalte alle nötigen Informationen. Nun, so nimmt man an, werde ich genug Luft zum Atmen haben, da man sehr viel „Raum" erweitert hat. In einem wöchentlichen Zeitabstand macht man drei weitere kleine Eingriffe, immer unter Vollnarkose, die sogenannte „Toilette". Dabei werden die Krusten, die sich beim Heilungsprozess bilden entfernt. Ließe man diese dort, würde der „Raum" verkleinert. Mein armer Körper: vier Vollnarkosen in nur drei Wochen!

Es ist wahr; im Moment habe ich genug Luft zum Atmen und kann die Kanüle zustöpseln, aber ich muss auch sagen, dass das Schlucken viel schwieriger geworden ist. Das Wasser rinnt mir überall hin, nur nicht dort wo es hin sollte und mit den Speisen muss ich sehr, sehr vorsichtig sein. Ich fühle mich verloren; ich kann nicht mehr richtig essen. Manchmal komme ich mir vor wie ein Wiederkäuer der das Essen wieder hoch kommen lässt. Wenn das passiert, wird mir vor mir selber schlecht. Bäh! Scheußlich! Im Moment kommt das Essen und Trinken mit Freunden in irgendeinem Lokal gar nicht in Frage. Da bleibe ich lieber zu Hause. Ich schäme mich ein bisschen und dann möchte ich auch nicht, dass sie an meinem „Wiederkauen" teilhaben. Wenn ich jemanden besuche, trinke und esse ich nichts; ich finde einfach eine

Entschuldigung, was in meinem Fall ganz leicht ist. Na, auch das wird vorbei gehen und dann wird wieder alles ok. Aber hart ist es doch!

Ich werde mit dem Arzt darüber sprechen. Dieser verweist mich an die Logopädin. Diese zeigt mir einige leichte Übungen, wie zum Beispiel das Trinken direkt unter dem Wasserhahn. Um die Stimmbänder zu stärken, muss ich eine Art von „Mantra" aussprechen: „ak, ka, aka, ko, ok..." Ich muss gestehen, wenn mich jemand hören würde, wenn ich so auf der Terrasse übe, dem käme das wahrscheinlich eigenartig vor und er würde vielleicht an meinen geistigen Fähigkeiten zweifeln! Dann rät sie mir auch, in meiner Gegend zu einer Logopädin zu gehen. Das ist ein guter Rat, denn ich weiß, dass ich mich nicht abkapseln darf, sondern alles tun muss, um meine Lage zu verbessern. Im Moment habe ich auch fast keine Stimme, nur ein Flüstern.

Wieder zu Hause informiere ich den Hausarzt und den HNO-Arzt. Der verspricht mir, schnell eine Logopädin zu suchen und schon in der Woche darauf habe ich den ersten Termin. Großartig!

Einige Tage des sich Verloren Fühlens

Wenn ich ganz ehrlich bin, war ich auf diese neuen Hindernisse absolut nicht vorbereitet. Man hatte auch nie mit mir darüber gesprochen, dass ich vor etwas, das einige Nummern zu groß für mich ist, stehen könnte, wie z. B. nicht mehr zu wissen, wie man schluckt und wie man trinkt, Dinge die die Basis des Lebens darstellen. Der Kummer ist ziemlich groß oder sagen wir besser, ziemlich schwer, da ich ja vorher ganz gut zurecht kam, während jetzt jeder Bissen oder jeder Schluck der in meinen Mund kommt irgendwo wieder heraus fließt oder, was schlimmer ist, wenn ich mich dabei verschlucke. Ein bisschen ist auch mein „Nicht-Akzeptieren-Wollen" der Situation daran schuld: Die Machtlosigkeit raubt mir das Vertrauen in die Fähigkeit, die Problematiken die auf mich zukommen lösen zu wollen. Ich komme mir vor wie ein Läufer, der rennt und rennt um ans Ziel zu kommen… wenn er dann das Ziel sieht (so denkt er)… „Zack!" findet er eine neue Hürde. Ich „laufe", passe mich an, - denke es ist mir richtig gut gelungen – aber wenn dann immer wieder eine neue Hürde hinzu kommt – würde jeder, so glaube ich, etwas perplex sein, etwas verstimmt, niedergeschlagen, oder vielleicht sogar wütend sein? Wann hat das endlich ein Ende? Da geht dir so einiges durch den Kopf, hast wirre Ideen, bist verzagt oder fast verzweifelt; kurz und gut, du weißt nicht mehr, was du denken sollst. Du verlierst das Vertrauen in deinen Körper, das Vertrauen und die Überzeugung, dass du es schaffen kannst.

Zum Glück werde ich von einer exquisiten Person behandelt, die mich immer wieder aufrichtet, die mich wieder glauben und hoffen lässt und die mir hilft, an die neuen Hürden positiv heran zu gehen. So habe ich Hilfe, fühle mich unterstützt, und vor allem verstanden.

Jetzt trainiere ich das Schlucken, trinke Wasser unter der Leitung, stärke den Rest meiner Stimmbänder (man hat mir ein halbes weg gelasert), usw. Man könnte fast sagen, ich bin zur Normalität zurückgekehrt. Ich spüre innerlich, dass ich es schaffen kann und das macht mich stark.

Auch ich bin nur ein Mensch, habe meine fixen Ideen und meine Nein – Tage und im Moment fühle ich mich richtig „menschlich". Wann mag der große Tag des Zumachens des „Loches" sein, der Tag an dem die Kanüle entfernt wird? Man sagt mir, du hast schon so viel gemacht, du wirst auch das schaffen! Na klar, bin ich doch so weit gekommen, da werde ich jetzt bestimmt nicht aufgeben.

*

Nun beginne ich mit den Sitzungen bei der Logopädin, die, so scheint es mir, sehr gut vorbereitet, professionell und dazu noch sympathisch und geduldig ist. Glück gehabt! Die Stimme hat sich, nach nur drei Sitzungen, sehr verbessert. Man könnte fast sagen sie sei „normal": fast laut und klar und das auch, weil die Aussprache merklich besser geworden ist. Auch das Essen macht mir nun weniger Schwierigkeiten. Nach einigen Sitzungen fühle ich mich wieder richtig in Form: „Na ich spucke jetzt nicht mehr überall hin". Das wäre ja fast zu einem Problem für die Umwelt geworden! Aus der kleinen Kanüle (bei der letzten Kontrolle hat man die große gegen eine kleine ausgetauscht) schossen wie aus dem Hinterhalt Essensstückchen hinaus! Gott sei Dank passe ich immer auf, dass der Schal fest geschlossen ist, sonst... stellt euch das mal bildlich vor! Da kommt mir jetzt auch das Lachen.

Nur damals ging ich nicht unter die Leute, nicht zum Essen und Trinken, usw. aus.

Nach gut einem Monat muss ich wieder zur Kontrolle. Der Arzt sagt, dass alles gut verheilt ist und dass ich nun mit Sicherheit normal atmen könnte. „Klick!" Ein schönes Foto von meinen Stimmbändern (eines ist etwas amputiert) und dann zu meiner großen Überraschung nimmt man die Kanüle heraus! Juchhei! Ein denkwürdiger Tag! Ich sage: „Du hast es geschafft!" Ich lächle inner- und äußerlich. Ich bin fast durchgedreht! Man sagt mir, dass sich das „Loch" von selbst schließen werde. Dann geben sie mir Gaze und Pflaster, damit ich es inzwischen schützen kann, bis alles zugeheilt ist. Man zeigt mir, wie ich es machen muss und mit positiven Gedanken fahre ich nach Hause.

Ich gehe weiterhin zur Logopädin, mache Gymnastik für Hals und Schulter: die Übungen sind für beide zum Teil gleich. So vergehen die Tage auch mit „Sport". Ich brauche für alle Übungen fast zwei Stunden, denn ich muss dazwischen auch Pausen einlegen. Man braucht Zeit, Ausdauer und besonders einen guten Willen. Am Anfang war es schwer, dies alles einzuhalten, ich wurde schnell müde, mochte nicht mehr,... aber dann wurde es zur Gewohnheit. Jetzt mache ich es sehr gern. Ich denke positiv: ich bin gut trainiert, habe kleine Muskeln und bin nicht mehr so schwabbelig (leider nur von der Körpermitte aufwärts). Hm, das Problem ist der Pudding von dort abwärts! Ich werde wohl einige Übungen für Po und Oberschenkel dazu machen. Nun habe ich die Schulter wieder fast gerade und kleine Muskeln am Oberarm. Ich will und kann ja nicht nur halb in Form sein!

Mir geht ein fixer Gedanke durch den Kopf: „Werde ich in der Lage sein zu beurteilen, ob ich genug Luft habe? Und wenn es nicht so ist? Was dann? Gaze und Pflaster lassen bestimmt immer etwas Luft durch. Sie schließen nicht hermetisch ab. Ich habe auch mit Abdeckfolie versucht alles hermetisch abzuschließen, aber es scheint nichts zu ändern. Irgendwo kommt immer Luft rein, wie z. B. am Rand, wenn das Pflaster sich löst. Ich lasse diese Versuche sein. Ich will mir nicht das Leben noch mehr komplizieren. Ich werde mir eine neue Taktik ausdenken, dann werden wir ja sehen.

Eine herrliche Tätigkeit bietet die Krebsstation unseres Krankenhauses ihren Patienten an: Entspannungsgymnastik, unter Leitung der Psychologin. Die gibt mir Schwung und Energie, nimmt die Verkrampfungen weg und man kann sie auch allein zu Hause durchführen. Da entspannt man wirklich alle Muskeln. Ich schlafe dann auch immer ein, so gut entspanne ich mich. Man ist mit sich und der Welt zufrieden. Und... wir sind auch eine richtig nette Gruppe, das hilft einem auch.

*

Ich bin überzeugt, um richtig heilen zu können, muss man alle Steine, Gesteinsbrocken, Felsen, Sand... aus dem Weg räumen. Ich arbeite fest an mir, an meinen Ängsten, auch an denen im Unterbewusstsein, um alle Problematiken in Angriff zu nehmen und eine Lösung zu suchen und eventuell auch zu finden. Ich bin nicht immer ausgeglichen, manchmal recht aggressiv, dann wieder ertrage ich alles passiv. Ich muss ein Gleichgewicht finden. In dieser Angelegenheit helfen mir die Sitzungen bei der Psychologin sehr. Sie ist wirklich gut und ich muss sagen ich bin schon viel ausgeglichener, glücklicher und... unbeschwerter. Wir machen ein gutes Programm durch. Allein kann man das gar nicht schaffen. Ich glaube es ist falsch anzunehmen, dass man alles allein machen kann; man braucht spezielle Hilfe. Meistens erkennt man gar nicht, dass man immer im Kreis rund um das Problem herum denkt… und es dann gar nicht anpackt. Da verbraucht man nur unnötig Energie und Kraft und hat gar nichts davon; das Problem bleibt. Ich habe beschlossen reinen Tisch zu machen, an jeder Ecke und an jedem Ende. Es ist auch richtig schön, mit einer Person zu sprechen, die dich nicht beurteilt, der du alles ohne Hemmungen und Einschränkungen sagen kannst ohne Angst haben zu müssen, nicht verstanden, missverstanden oder nicht ernst genommen zu werden. Da kann man reden, wie einem der Schnabel gewachsen ist, ohne lang nachzudenken (passt das oder nicht, beleidige ich oder nicht, was wird man von mir denken…). Das gibt dir einen positiven Input. Das freie Sprechen macht einem oft auch klar, wo die Lösung steckt… du findest sie ohne Hilfe, nur weil du frei und ohne zu überlegen laut denkst. Da fragt man sich oft: „Warum ist mir das nicht schon früher eingefallen?"

Meine Stimme

Seit einiger Zeit geht mir die Geschichte meiner Stimme im Kopf herum. Meine Stimme – ein Problem! Ja, ja, anfangs, gleich nach der großen Operation, war es gar nicht so einfach meine „neue" Stimme zu verstehen und zu akzeptieren. Ich nenne sie „neue" Stimme, denn mit meiner ursprünglichen hat sie wenig Gemeinsames. Am Anfang war mir das gar nicht klar – ich hatte ja so viel anderes zu lernen, zu probieren, zu akzeptieren, sodass das mit meiner Stimme nicht ins Gewicht fiel.

Nach einiger Zeit aber fiel mir auf, dass ich sie nicht einordnen konnte, ich wusste nicht mehr, sprach ich leise, laut, flüsterte ich, war der Ton richtig... Ich nahm alles irgendwie komisch wahr. Ich krächzte, sprach schlecht verständlich (auch für mich... wie war das etwa für die anderen?), ich selbst kam mir vor, als wäre es nicht ich, die sprach. Es gab kein „feeling" zwischen mir und der „neuen" Stimme. Ich probierte auch, sie auf Band aufzunehmen und dann abzuhören. Dabei merkte ich, dass es doch nicht sooo schlimm war. Ich weiß nicht, ob jemand sich vorstellen kann, was ich fühlte. Ich kann auch schlecht die richtigen Worte finden, um zu beschreiben, wie ich meine Stimme „fühlte". Ich hatte fast schon Angst, dass auch mein Gehör nicht mehr ganz so richtig funktionierte.

Mein armer, armer Sohn; ich löcherte ihn immer wieder mit Fragen: „Wie ist meine Stimme? Probiere sie mir nachzuahmen? Ist sie zu laut; zu leise; zu..." Gott sei Dank ist er eine geduldige, sensible und geistreiche Person.

Jetzt habe ich mich an meine neue Stimme gewöhnt, auch wenn ich mir noch ab und zu über die Lautstärke Gedanken mache. Ich muss lachen, wenn ich daran denke, was geschehen könnte, wenn ich mich verschätzen würde. Stell dir vor, ich bin überzeugt etwas leise zu flüstern (vielleicht über andere) und meine Stimme hätte dabei die normale Lautstärke! Das wäre ganz schön peinlich.

Ich versuche immer allem eine positive Nuance abzugewinnen. Heute sage ich mir, dass ich eine verführerisch dunkle Stimme habe (ha ha)!

Durch die konstante Logopädie ist sie viel besser geworden; ich übe ja jeden Tag. Ich brauche meine Stimme zur Arbeit, sie ist unentbehrlich und ich muss sie schützen, verbessern und behandeln und im Besonderen: ich muss sie akzeptieren, wie sie ist. Ich glaube ich bin auf dem richtigen Weg dorthin

Mein Körper

Ich möchte auch über meinen Körper sprechen, der durch die Operation verändert wurde. Nicht über den Hals oder den Kehlkopf, sondern über die Muskeln, die Schultern,... Kurzum, über die Körperteile, die eine Veränderung, ein Trauma erfahren haben, und wie ich bemüht bin alles in Grenzen zu halten.

Mit der Zeit wurde ich etwas schief. Die linke Schulter hing etwas herunter und das war mir lästig und nicht nur aus ästhetischer Sicht. Um ehrlich zu sein, mich störte der Anblick weit mehr als die funktionelle Seite, auch wenn ich den Arm mit Müh und Not nur auf Brusthöhe heben konnte. Der Arzt hat mich darauf hin zum Bewegungstherapeuten verwiesen und mit all den speziellen Übungen hat sich die Lage verbessert. Die Therapeutin, eine wirklich gute, tat alles, damit ich mich wohl fühlte, denn anfangs waren die Übungen schwer und alles tat weh. Aber bald merkt man, dass man sich besser bewegen kann... und wenn man die Ergebnisse sieht, macht man auch gerne weiter. Wieder eine neue tägliche Beschäftigung!

Ich denke, ich werde von nun an immer trainieren müssen. Vielleicht hätte ich schon viel früher damit anfangen und nicht zwei Jahre damit warten sollen. Nun mache ich spezielle Übungen für Arme und Schultern, denn diese Muskeln müssen die Arbeit vom Halsmuskel übernehmen. Ich werde eine durchtrainierte Frau... nun auch noch den unteren Teil auf Vordermann gebracht... ich werde eine... Figur bekommen!

Eine andere lästige Sache war das Kribbeln, das vom Hals ausgehend bis zu den Schultern ging, Ohren mit eingeschlossen. Die letzteren fühlten sich richtig lahm an. Grässlich! Zu Beginn fühlte ich an diesen Stelle kaum etwas. Die Stellen waren irgendwie so tot; ich zog mich an den Ohren und... nichts... eingeschlafen? Ein richtig scheußliches Gefühl. Ich gab mir kurze, kleine aber heftige Schläge auf die Schultern, massierte die Ohren, die Schultern und den Hals, um die Durchblutung zu fördern.

Jetzt ist es wieder fast normal, auch wenn ich bei Wetterwechsel etwas steifer bin. Wichtig für das gute Gelingen waren auch die Shatsu Massagen. Sie entspannten diese Körperteile, haben meine Atmung und die Bewegung ziemlich verbessert. Auch die Entspannungsgymnastik mit der Psychologin hat mir dabei sehr geholfen. Dabei entspanne ich die Muskeln, baue den Stress ab, atme tief und ruhig ein und aus und habe eine bessere Körperhaltung. In dieser Gruppe, gibt es dazu auch noch ein wirksames Heilmittel: das viele Lachen.

*

Mitte Oktober habe ich die geplante Kontrolluntersuchung des „Follow up" und es ist alles in Ordnung. Spitze! Der Arzt sagt mir, dass ich wegen der Schließung die nächste Untersuchung in der HNO im anderen Krankenhaus abwarten solle. Zu Beginn wurde das Loch immer kleiner, aber dann... Stopp... es blieb gleich. Ich schaute immer wieder nach: zwei-, dreimal am Tag, aber es änderte sich nichts. Wie war das langweilig! Ich habe es mir schon so vorgestellt, denn der Rand ähnelt einem Knopfloch. Ich sage mir, wenn ich noch etwas warten muss, ist das kein Unglück und auch nicht das Ende der Welt. Es gibt Schlimmeres.

Nun, nach drei Monaten, bin ich wieder auf dem Weg ins Krankenhaus. Dort untersucht man meinen Hals recht gründlich und man sagt mir, dass man das Loch nun schließen könnte. Ich frage, ob das bei mir zu Hause in der Nähe gemacht werden könnte und, da sie den Primar kennen, bejahen sie das. Ich verabschiede mich und habe einen neuen Termin – in drei Monaten muss ich wieder zur Kontrolle kommen.

Ich bin ein wenig besorgt, jetzt da der große Moment in unmittelbarer Nähe ist. Ein bisschen kommen Angst und Sorge in mir hoch. Ich bin nicht hundertprozentig glücklich. Da ist die Stimme in mir, die flüstert: „Und wenn du dann nicht genug Luft kriegst? Und wenn du dich verschluckst? Und wenn ich den Katarrh nicht herauskriege? Und wenn..." Mir gehen so viele – und wenn's – im Kopf herum. Der Arzt hat gesagt, dass die Atemnot auch vom Herzen herrühren könnte und scherzhaft hat er gemeint, ich soll nicht zu oft bergauf laufen, sondern dies mit bergab austauschen. Ich werde auch mein Herz untersuchen lassen, nur um sicher zu sein. Bestimmt kommt etwas Atemnot auch von meiner Angst oder weil ich oft etwas zu schnell gehe. Alle sagen mir, dass ich keinen Rekord aufzustellen bräuchte, aber es fällt mir schwer, langsam zu gehen. Ich fühle mich auch nicht wohl dabei. Andererseits bin ich Invalidin. Das vergesse ich zu oft. Mein Gott, dann ist da auch noch das Alter! Hm mir fehlt es aber an gar nichts. Bah! Wenn ich mir den neuen Termin hole, muss ich mit meinem Arzt über dieses und jenes sprechen.

*

Gestern hatte ich, wie vereinbart eine Kontrolluntersuchung in der HNO. Der „große Chef" (Primar) hat mich untersucht – wegen dem Schließen des Loches. Die Kanüle trage ich seit August nicht mehr. Ich bin nervös, das war ich auch vorher schon, darum wollte ich noch schnell ein paar Worte mit dem Arzt wechseln, der mich diese Jahre hindurch immer betreute. Ich weiß tief im Herzen, dass mein Hals noch nicht bereit ist, geschlossen zu werden. Ich komme schnell außer Atem und die Atmung ist nicht rein. Ich gebe Geräusche von mir, die ähneln… ich will das gar nicht beschreibe…, heute ist mir nicht nach Scherzen zu Mute. Ich bin so richtig niedergeschlagen. Uff! Es hört nie auf! Schei…!

Auch die Ärzte werden schon die Nase voll haben, so wie ich. Der Primar sagt mir, dass er das Tracheostom nicht schließen kann, weil nicht genug Platz für die Atmung im Hals sei, denn wenn ich eine Erkältung, einen festen Schnupfen, eine Halsentzündung usw. bekommen würde, wäre es gefährlich. Wenn ich recht verstanden habe, könnte ich dabei glatt sterben, wenn ich nicht schnell genug Hilfe bekäme. Daran habe ich bislang noch nie gedacht. Vielleicht schaltet mein Gehirn ab und zu ab, denn ich kann dann oder besser gesagt ich will dann die Dinge nicht sehen, wie sie wirklich sind. Nur gut, dass das nur was den Hals betrifft geschieht, sonst müsste ich mir ernsthaft Sorgen machen. Ich dachte, dass immerhin ein bisschen Luft durchkommen würde und dass das dann vorbeigehen würde, wenn ich mich hinlegen würde. Man denkt daran einen neuerlichen Eingriff vorzunehmen.

Im anderen Krankenhaus hat man mir gesagt, dass die Atemnot auch vom Herzen ausgehen könnte - das muss ich dem Arzt noch sagen. Ich habe keine Lust, das auch noch zu untersuchen. Und dann was noch alles! In meinem Hals „feilt und feilt" man – wenn dann nichts mehr zum „Wegfeilen" ist, was dann? Wenn das was ich bis jetzt gemacht habe, alles umsonst war? Das könnte ich nicht ertragen! Nicht nach all diesen Versuchen. Nun habe ich ungefähr drei Viertel der Strecke hinter mir, so sagte eine kompetente Stimme. Was wird dann das letzte Viertel sein, so frage ich mich.

Der Primar versichert mir, dass meiner Stimme bei diesem neuen Eingriff nichts passieren werde. Sie werden an einer anderen Stelle „schleifen". Ich habe gefragt, ob man den Eingriff nach den Weihnachtsferien, aber bevor die drei Jahre nach der großen Operation um sind, machen könnte. Das machen sie gern. Nun muss ich mich seelisch darauf vorbereiten. Das wird nicht einfach sein; ich habe genug von allem und bin auch müde. Ich werde einige Tage in Österreich verbringen; ich muss Abstand gewinnen und in Ruhe nachdenken. Ich habe den Ärzten etwas nicht besonders Galantes gesagt. - Die Psychologin hat mir dazu geraten, als ich mit ihr über meine Atemnot sprach, die, so glaube ich, nicht nur von der Enge im Hals, sondern auch von meiner Angst, nicht richtig atmen zu können abhängt. - So habe ich die Ärzte geradeheraus gefragt, wie viele Patienten sie wieder aufmachen mussten. Na die Gesichter sprachen Bände, aber dann lachten sie. Nun, das hat sich jetzt erübrigt. Man kann ja nicht zumachen.

All das fiel auf mich herab, auch wenn ich es logischerweise schon erwartet habe. Eine andere Sache ist, es gesagt zu bekommen. Das hat eine andere Wirkung. Da kann man nicht einfach davon laufen oder den Kopf in den Sand stecken. Auch der Tag ist der Richtige. Heilige Barbara (arme Märtyrerin). Heilig war ich nie, aber vielleicht müsste ich ein bisschen barbarischer werden.

Die Zeit vergeht und man denkt daran den Lasereingriff Nummer 4 zu machen

„Hallo Leute, da bin ich wieder!" Nun habe ich im Krankenhaus, von meinem Zimmer Besitz ergriffen und warte auf den Eingriff mittels Laser. Ich hätte ihn ja schon im Jänner gemacht, wenn ich nicht von der Grippe heimgesucht worden wäre. So wurde er auf den 13. Februar verschoben. Vielleicht bringt mir das Datum Glück. Ich komme mir wie in einer Mini TV-Serie vor. Schon das dritte Mal bin ich zum Lasern in diesem Krankenhaus. Wer weiß, wo mir diesmal etwas entfernt wird. Hoffentlich verläuft alles so gut wie immer. Aber ja, hier arbeitet man recht sorgfältig und ich denke nicht lang darüber nach. Auch die Angst vor der Narkose hat sich merklich vermindert. Vielleicht bin ich dabei mich daran zu gewöhnen.

Es ist auch diesmal gut gegangen. Der Primar hat an der Zungenbasis hantiert und wer weiß wo noch. Gänsehaut! Wenn man an der Zunge arbeitet, gibt das viele Schmerzen und wenn ich ans Essen und Trinken denke, beginne ich zu schwitzen. Gott sei Dank gibt es Schmerztabletten. Ich werde nun alles wieder erlernen müssen: schlucken, essen, trinken... Die Tage vergehen und anfangs ist die Aufgabe recht schwierig. Alles geht hin und her, nur nicht, da wo es soll. Ich kriege zirka ein Viertel von dem hinunter, das ich soll. Und... die Stimme ist nur ein Flüstern. Ich hoffe sie kommt wieder, sonst bin ich bedient!

Um mich nicht niedergeschlagen zu fühlen, denke ich an das Krankenhaus wie an ein Ferienwohnrecht: Ich komme jedes Jahr hierher, habe die „Ferien" im Voraus bezahlt. Zwei Tage lang esse ich aus dem „Sack", bekomme Wasser in die Venen, brauche nicht zu kochen, aufräumen, putzen, aufbetten. Kurz und gut, ich werde rundum versorgt, „genieße" die Vollpension und das Personal ist herzlich und exquisit. Im Großen und Ganzen, geht es mir hier sehr gut, nur das Essen lässt etwas zu wünschen übrig (immer Püree mit etwas Grünem, das brennt und gar nicht gut schmeckt). Der Arzt hat Mitleid mit mir und erlaubt mir Nudeln mit Öl zu essen. Das rutscht herrlich hinunter und brennt auch nicht. Klasse! Da lerne ich wieder richtig zu essen. Mit dem Trinken ist das noch so eine Sache; es will mir einfach nicht gelingen.

Nach fast zwei Wochen geht's wieder ab nach Hause. Es tut noch immer weh und ich nehme fleißig Schmerztabletten, besonders vor dem Essen. Wenn ich das nicht mache, kriege ich nichts hinunter oder ich verschlucke mich. Die Rekonvaleszenz ist auch diesmal ziemlich lang und hart. Ich denke, dass ich diesmal genug Luft haben werde. Das Atmen geht ganz gut. Das freut mich ungemein. Ich muss für mich selbst lächeln, wenn ich spazieren gehe und ich keine Atemnot mehr verspüre. Ich atme jetzt einfach RICHTIG, so ganz NORMAL!

Nun ist schon ein Monat nach dem Eingriff vergangen und ich habe immer noch Schwierigkeiten beim Trinken. Ich trinke gerade so viel, wie es braucht und oft rinnt es beim Loch wieder hinaus. Da komme ich mir vor, wie Kleinkinder, die... Die Papierfabrik wird lachen, die Wälder nicht. Ich brauche ja so viele Küchenrollen, die ganz großen. Da kann ich nichts machen. Hoffentlich kann ich das Problem in Kürze lösen, denn ich beginne langsam nervös zu werden. Dazu trägt auch meine Stimme bei; besser gesagt die Stimme die ich nicht mehr habe. Auch deswegen gehe ich nicht unter die Leute. Na ja, das werde ich nachholen, wenn ich wieder komplett fit bin. Ein bisschen sorge ich mich schon; ich übe jeden Tag, aber es rührt sich nichts. So kann ich auch nicht arbeiten gehen. Ich habe wieder einen Termin bei der Logopädin geholt. Wir werden sehen, was sie tun kann.

Gefühlsausbrüche

Jetzt, einen Monat nach dem Eingriff mittels Laser gehe ich zur Kontrolluntersuchung. Gerade in der HNO Abteilung angekommen begegne ich dem Primar und er fragt mich, wie es mir gehe. Ich antworte ihm: „Gut, ich atme gut, aber ich habe keine Stimme." Er legt keinen großen Wert auf meine Antwort und kontrolliert nur die Atmung. Ich bin perplex. Ich hoffe sehr, dass man, wie versprochen meine Stimmbänder und die dazugehörigen Funktionen nicht angerührt hat. Ich bin niedergeschlagen. Dann werde ich aufgerufen, der Arzt und der Primar sind da. Sie untersuchen mich, diskutieren und schauen den Kehlkopf mittels Sonde an.

Sie sagen, dass es nun soweit sei und man mich zunähen könnte.

Ich frage nach meiner Stimme und sie sprechen miteinander, aber ich verstehe nicht, worum es geht. Sie sagen etwas von „anschwellen" oder „aufblasen" der Stimmbänder mittels Medizin. (Ich weiß nicht wo und was) und mir rast ein Gedanke durchs Gehirn: „Ich muss wohl doch nicht entscheiden, die Atmung oder meine Stimme??! Schei…!" Das wäre katastrophal! Ich denke, das man mir das wohl vor der Operation gesagt hätte und nicht nach gemachter Sache. Ich weiß nicht mehr, was ich denken soll. Ich bin verunsichert. Ich frage den Arzt einiges, aber alles kann ich nicht fragen, denn er hat andere Patienten zu untersuchen und hat mir schon viel Zeit gewidmet und ich will das nicht über Gebühr ausnützen. Was wir besprechen, reicht mir aber noch nicht. Er spricht über Logopädie und wie lange ich im Krankenstand sein könnte. Was soll man da denken?! Ich unterscheide nicht mehr so richtig, was reell und was Frucht meiner Fantasie ist. Ich treffe dann den Primar wieder im Korridor und er sagt mir, dass er für die Rückkehr meiner Stimme nur ein paar Minuten bräuchte. Auch er hat wenig Zeit und ich stehe da, wie ein Trottel (nicht ganz so, aber fast). Nun verstehe ich überhaupt nichts mehr. „Aufblasen oder nicht aufblasen… so lassen oder nicht so lassen… Die Stimme kommt wieder oder nicht? Das ist zum A…. lecken! Hätte ich wählen sollen?"

Das hat mich so richtig wütend gemacht Und in meinem Kopf gibt es nur einen Gedanken:

Was mich verunsichert hat ist, dass mir niemand so richtig erklärt hat, was gemacht werden würde. Ein Laser Eingriff… ja, aber ich habe auch IMMER auf meine Stimme aufmerksam gemacht. Sie ist für meine Arbeit sooo wichtig! So stehe ich nun richtig belämmert da. Ich bin innerlich leer... und philosophisch gesagt... Das Nichts gibt es.

Es ist auch meine Schuld, das bestreite ich ja gar nicht: vielleicht habe ich nicht genug nachgehakt und auf eine ausreichende Erklärung bestanden. Vielleicht haben sie gedacht, dass das Schließen des Loches für mich das Wichtigste sei oder dass ich das mit Sicherheit schon wusste.

Auch nach dem Eingriff habe ich nach meiner Stimme gefragt, aber keine ausreichende Antwort bekommen. Aber keine Antwort ist auch eine Antwort.

Dann macht sich in mir ein Gefühl von Traurigkeit und Enttäuschung breit.

Vier Wochen nach dem Eingriff ist meine Stimme immer noch ein Flüstern. „Was mache ich nun? Werde ich von nun an nicht mehr sprechen können? Unmöglich! Aufgeben? Vielleicht ja, vielleicht nein!" Im Moment habe ich nicht viel Energie und Kraft etwas zu tun. Drei Jahre –

eine große und vier Laser-Operationen, acht Vollnarkosen, einige Computertomogramme mit Kontrastmittel, usw. sind zermürbend.

Zu Hause habe ich mich dann richtig ausgeweint. Ich hätte mit meinen Tränen Garten gießen können. Ich denke in diesem Moment sind in mir alle Frustrationen meines Lebens auf einen Schlag hoch gekommen. Wenn ich zu weinen anfange, kann ich nicht so schnell wieder aufhören und weine weiter, bis alle Reserven verbraucht sind. Da kann ich alles so richtig „wegspülen", erleichternd für mich, aber nicht für die Umwelt. Nun bin ich so richtig demoliert und fertig für die Verschrottung.

Und meine Arbeit? Das, was ich bisher machte und das mir obendrein viel Spaß bereitet, wird schwer realisierbar sein; auch kann ich nichts anderes. Wenn ich wenigstens alt genug wäre um in Pension zu gehen... das wäre mir dann doch noch zu langweilig. Wenn die Stimme so bleibt wäre auch meinem sozialen und kommunikativen Leben ein großes Limit gesetzt.

Dann kommt es zur Verzweiflung.

Ich habe den Termin für eine weitere Kontrolle bekommen, wo man entscheidet, ob nun zugenäht wird oder nicht. Inzwischen habe ich mir das Ziel gesetzt als letzten Versuch, zwei Wochen intensiv Logopädie zu machen. Scherzhafter Weise könnte ich sagen ich habe eine „betörende" Stimme, das aber zu sehr für meinen Geschmack! Wenn ich genau überlege, was für eine Frau ich bin, könnte man sagen der Traum eines jeden Mannes: kein Gezeter, kein Geschrei, niemand schimpft oder kritisiert. Nach zwei Metern Abstand nicht mehr hörbar. So richtig praktisch!

Ich hoffe, dass es besser wird… abwarten, was geschieht. In zwei Wochen gehe ich wieder arbeiten, nur um zu sehen was dabei passiert. Ich muss lachen (aber nur ein bisschen), wenn ich denke, dass ich dann ja mindestens zwei, drei Stunden sprechen müsste.

Die Logopädie

Seit einiger Zeit, nämlich seit August vorigen Jahres mache ich Logopädie, um meine Stimme zu verbessern. Jetzt mache ich ein Intensivprogramm durch – full immersion.

Meine Logopädin, eine hochqualifizierte Person übt ihre Tätigkeit im Krankenhaus aus. Es ist richtig fein mit ihr zu arbeiten, man kann dabei auch lachen, auch wenn man hart an sich arbeiten muss. Die Ergebnisse lassen nicht auf sich warten. Ich ging auch früher schon dorthin, aber jetzt muss intensiv gearbeitet werden, da ja diese ganzen neuen Probleme aufgetaucht sind.

In letzter Zeit kommen aber absurde Geschehen an den Tag. So mussten wir eines Tages unsere Sitzung in der Gynäkologie abhalten. Bah, was haben wir gelacht; aber wenn man Vergleiche zieht... es besteht eine bestimmte Ähnlichkeit zwischen den Stimmbändern und den weiblichen intimen Teilen, aber dass man das so...! Danach war die Dermatologie dran und dann... das Logopädiezimmer der Kinderambulanz der HNO. Ja, ja, wenn man ein bestimmtes Alter erreicht hat, wird man wieder zum Kind, aber muss man das so vor Augen halten! Letztes Mal waren wir in einem Sprechzimmer für Herzpatienten – Hoffentlich bekommen wir keinen... Wir werden ja sehen, wo wir das nächste Mal landen. Irgendwie ist es auch ganz lustig.

Mir tut die Logopädin leid. Ich glaube man schätzt ihren Wert nicht so richtig ein und das verdient sie wirklich nicht. Und wir Patienten? Sind wir Krebspatienten so gebrechlich und praktisch schon abgeschrieben, sodass wir nichts anderes verdienen? Aus beider Sicht betrachtet, so glaube ich, ist ein ständiges Herumwandern von einem Behandlungsraum zum anderen weder korrekt noch für die Heilung günstig. Aber vielleicht hat man jetzt eine Entscheidung getroffen: der Behandlungsraum der Psychologin und der Hautärztin. Aber das Namensschild der Logopädin hängt noch nicht an der Wand!

Hm … mit der Logopädie geht es ganz gut voran. Nun habe ich diese Termine immer am Mittwoch und so sind wir im Kindersprechzimmer. Nach all den Abenteuern scheint mir dieser Platz am geeignetsten, denn der Raum ist groß, hell, und man kann auch in kleinen Gruppen arbeiten, man hat einen Spiegel und alle Dinge zur Verfügung, die es braucht. Nicht schlecht, würde ich sagen. Hoffentlich bleibt es dabei!

Meine Stimme ist nach einigen Sitzungen Logopädie nun wieder richtig gut, klar und auch viel deutlicher als vorher. Super! Ich bin so froh darüber! Das hätte ich nicht gedacht. Wie man sieht, darf man nur nicht aufgeben. NIE und nimmer!

Ich bin sehr glücklich!

*

Ich habe auch mit meinem Arzt gesprochen; über meine Ängste, das Nicht-Wissen, die Wut, die ich nach der letzten Untersuchung im Bauch hatte. Da hat er mir in aller Ruhe geduldig und genau alles erklärt, was ich wissen wollte. Da ist auch meine Wut sofort verraucht, die Enttäuschung hat der Freude Platz gemacht und ich bin wieder ganz die alte. Ehrlich gesagt, es bringt nichts ein. Ich hätte mir viel Energie ersparen könne, hätte ich gleich gefragt. Das weiß ich auch, aber man sitzt da, die Sonde im Hals, und sie sprechen über deinen Kopf hinweg und in dem Moment kann man ja gar nichts fragen. Es ist technisch nicht möglich. Außerdem bin ich keine einfache Patientin, es scheint vielleicht so, aber ich bin ziemlich anspruchsvoll; was mich interessiert, will ich genauestens wissen, auch das i-Tüpfelchen. Manchmal habe ich auch eine ganz starke Reaktion; ich kann meine Gefühle dann nicht kontrollieren (vielleicht, das ist wahrscheinlicher, will ich das gar nicht). Man kann von meinem Gesicht ablesen, was ich denke und wie ich mich fühle.

Nach den Erklärungen fühle ich mich erleichtert und bin bereit mich mit dem nächsten Abenteuer zu konfrontieren. Die Trostlosigkeit ist nun vorbei und ich denke nicht mehr dran. Die Antwort auf meine Fragen habe ich bekommen und alles ist wieder normal. Ich bin auch nicht nachtragend, ich kann das einfach nicht. Da gibt es dann kein „wenn" und „aber"… mehr. Vorbei ist vorbei.

Man sagt mir auch während der nächsten Kontrolle, dass ich noch einen Eingriff mittels Laser machen müsste, da meine Atmung auf normalem Wege noch nicht ausreichend sei.

*

Nun ist wieder der Alltag eingekehrt und ich übe: Logopädie, Entspannungsübungen, schlafen, usw. Dann, nach vier Wochen, beginne ich wieder zu arbeiten, auch wenn ich noch Schwierigkeiten habe, laut und deutlich zu sprechen. In meinem Beruf als Lehrerin ist es nicht gerade das Günstigste nur zu flüstern, aber es geht trotz alles recht gut. Ich habe auch richtig viel, im Hinblick auf die Sommerferien, zu tun. Da muss man alle Dokumente, ausfüllen und abschließen; kurz gesagt, viel Papierkram. Die Zeit vergeht im Flug und... meine Atmung auf natürlichem Weg ist immer noch nicht ausreichend. Das sagt man mir auch bei der Kontrolle. Man schlägt mir noch einen Laser vor und ich denke mir: „Wo wird man diesmal etwas wegschleifen? Hoffentlich wird das gute Stück, nämlich mein Halsinneres nicht durchsichtig!" Ein bisschen Ironie kann nicht schaden, aber ich bin auch etwas nachdenklich. Man kann ja nicht ewig so weitermachen. Und dann? Aber darüber will ich mir jetzt noch nicht den Kopf zerbrechen, denn ich muss ja noch den letzten Eingriff ausheilen. Dann wird man sehen.

Nun im Moment der letzte:
Lasereingriff Nummer 5

Man will diesen Eingriff mittels Laser möglichst bald machen. Schon ungefähr drei Monate nach dem letzten habe ich den Termin für die nötigen Untersuchungen. Alles ist bereits fix geplant.

Man erklärt mir genau, was man machen will und plant den Eingriff für Anfang oder Mitte Juni. Das ist wunderbar, denn so kann ich in der Schule alle Dokumente, die es für den Schulschluss braucht, vorher abgeben. Das gelingt mir auch und so kann ich diesem Eingriff gelassen entgegensehen.

Die Narkose macht mir gar nichts mehr aus; ich habe keine Angst mehr davor und, nach so vielen Eingriffen ist sie mir zur Routine geworden. Nun – den Koffer gepackt und ab ins Krankenhaus. Ich bin guter Dinge und, so sagt man mir, werde ich die erste sein.

Aus der Narkose aufgewacht, oh du meine Güte, habe ich eine Kanüle, mit der man nicht sprechen kann, hänge am Sauerstoff und… ich habe sofort Gefühle der Panik. Was ist passiert! Warum das alles? Ich möchte fragen und… leider kommt kein Ton aus meiner Kehle. Nun ist das Desaster komplett. Ich weine, bin am Boden zerstört, weiß nicht, was mit mir passiert. – Ich bin nicht mehr ich. Die Krankenschwestern, die mich in all den Jahren noch nie so gesehen haben, sind entsetzt. Sie wollen den Arzt rufen, ich halte sie davon ab. Sie holen ihn trotzdem und es gelingt ihm, mich zu beruhigen. (Ich kann mich nicht erinnern, ihn gesehen zu haben). Er sagt, dass alles nur vorbeugend ist und dass nichts passiert sei. Da geht es mir besser und ich will nur schlafen, schlafen, schlafen. Ich schlafe dann, mit kurzen Wachabständen bis halb acht Uhr abends. Das ist mir vorher nie passiert. Ich kann mich auch an Vieles nicht erinnern. Mir fehlen ganze Abschnitte und ich weiß die Dinge nur von den Erzählungen der Krankenschwestern. Ich verstehe nun gar nichts mehr. Es war gelinde gesagt einfach scheußlich. Ich war im Bett, aber ich war geistig nicht da, weggetreten! Dann habe ich Gott sei Dank die ganze Nacht durchgeschlafen, es ging mir wieder gut und ich war wieder ganz die „alte" Barbara.

Die Frau, die im Bett neben meinem lag, kam von der Operation zurück. Auch ihr ging es nicht besonders und war etwas außer sich. Sie suchte ihren Hund und wollte Fotos machen. Dann verlangt sie eine Wassermelone, usw. Mir kam der Gedanke, dass sie vielleicht ein neues Narkosemittel haben könnten. Bah,… inzwischen sind die Traurigkeit und die Panik vorbei, was will man mehr.

Ich bleibe vier Tage im Krankenhaus. Am Morgen des letzten Tages, bei der täglichen Untersuchung, erklärt mir der Primar, dass man das Endergebnis nach zirka einem Monat sehen wird. Sollte es dann nicht ausreichen, bliebe mir nur noch die Entscheidung: die Stimme oder die Atmung. Dann sagt er noch, dass die Entscheidung bei mir liegen würde. Ich bin zerknirscht und die Tränen rinnen ohne aufzuhören. Bei diesem Eingriff gibt's wirklich nichts Positives. Man sagt ich habe kein Glück. Das ist nicht nur Unglück, das ist pures Pech! Im Moment kann ich auch nicht positiv denken. Mir reicht's. Es ist einfach zu viel. Warum gibt es immer wieder solche Komplikationen bei mir? Womit habe ich das alles verdient?! Schei… und leck mich am Allerwertesten! Ich bin blind vor Zorn und weiß nicht einmal gegen wen. Aber es tut gut und den Zorn, das habe ich gelernt, kann man zähmen, die Beklemmung nicht.

Ich will einfach nach Hause, in meine Mansarde und ich will nachdenken, was man tun könnte. Na ja, im Moment abwarten und Tee trinken (nicht einmal das geht!). Man sagt, dass ich abwarten müsse. Innerlich weiß ich schon, dass ich mich auf das Schlimmste vorbereiten muss.

Ohne Stimme kann ich nicht arbeiten und das würde bedeuten mich zu Hause lebendig zu begraben. Behielte ich die Stimme, müsste ich die Kanüle ewig tragen, oft Halsweh haben und all den Rest, all das was mir dadurch passieren könnte. Na das sind wirklich „gute" Aussichten! Da kann man mit ruhigem Gefühl sagen: „Alles Schei…".

Nach der Kontrolluntersuchung beschließe ich einige Tage in Österreich bei meinen Verwandten zu verbringen.

Da habe ich Abstand und kann das Erlebte besser verarbeiten und mich vielleicht auch ein bisschen beruhigen.

Im Moment tut mir der Hals sehr weh und so muss ich täglich Schmerztabletten nehmen. Er brennt und die Speisen kann ich nur recht schlecht schlucken. Je mehr Zeit vergeht, umso schlimmer wird es. Noch ernähre ich mich ausreichend, aber sicher habe ich etwas weniger Fett um die Mitte. Als wäre das alles nicht genug, leide ich nun auch noch an Verstopfung. Dieses Problem hatte ich noch nie! Nach diesem letzten Eingriff ist alles anders. Warum nur? Alles ist so mysteriös für mich.

*

Ein neues Hindernis tut sich auf: Das Schlucken hat sich sehr verschlechtert. Es ist echt beschwerlich und die Dinge bessern sich auch nicht mit der Zeit. Ich denke geschluckt zu haben, dabei war's nur der halbe Weg. Oft muss ich zweimal schlucken und dabei höllisch aufpassen und denken: „Jetzt schlucke ich“. Ich muss mich konzentrieren… entsetzlich – es wird immer schwieriger. Über das Schlucken von Flüssigem will ich gar nicht reden, denn das ist jedes Mal ein Abenteuer. Meist rinnt die Flüssigkeit sofort wieder aus dem Loch: in den Mund und unten raus – wie bei einem Springbrunnen. Ich muss alle möglichen und unmöglichen Stellungen versuchen. Der Kamasutra würde in einem Vergleich dazu verblassen! Ich fasse Mut und denke mir: „Hab Geduld; nur nicht nervös werden, früher oder später schaffe ich auch das!“ Und dann, nach ein paar Tagen – der erste Sonnenstrahl. Ich esse wieder wie vorher und es geht ganz gut; nicht perfekt, aber gut. Das Trinken geht wesentlich schlechter, aber mit viel Geduld kriege ich doch eineinhalb Liter Wasser hinunter. Da bin ich richtig stolz auf mich. Aber es rinnt immer noch recht viel aus dem Loch. Das ist auch logisch, denn um genug Sauerstoff während dem Lasern zu bekommen haben sie mir den Schlauch eingeführt und dazu das Loch vergrößert. Nun hat es nach unten eine Öffnung wie ein Trichter… und das Ergebnis: die Flüssigkeiten werden geradezu eingeladen, wieder heraus zu rinnen. Das hat zur Folge, dass ich gar nicht gerne in eine Bar oder sonst wo hingehe. Man trinkt etwas und dann ist man wieder voll gekleckert. Ich treffe eine Entscheidung: ich gehe aus, esse eine Pizza oder sonst was, aber ich trinke nichts. Ich mache es wie die Kamele. Ich trinke einfach zu Hause auf Vorrat, so habe ich dann keine größeren Probleme. Dann ist da noch das Unangenehme der Spucke. Ich habe soooo viel Spucke und da wird meine Gaze vor dem Loch immer schnell nass. Ich habe auch ein Pflaster mit Stöpsel bekommen, aber durch die Nässe löst sich das Pflaster sehr schnell ab oder der Stöpsel verstopft sich. Das ist daher auch keine Lösung, auch wenn's viel bequemer wäre. Was soll ich da tun? So geht's auf keinem Fall. Es ist wirklich eine Tortur! Buh!

EINE NEUE GESCHICHTE FÄNGT AN

DIE ERFAHRUNG „ÖSTERREICH" BEGINNT

Die Perspektive „die Atmung oder die Stimme" hat mich ein wenig perplex gelassen. Da sind mir wieder die Worte meines Cousins in den Sinn gekommen. Der hatte mir nämlich einmal gesagt, dass er, wann immer ich ihn brauche, für mich da sei. Er wusste ja von meiner Operation. Er ist ja auch zu meinem Glück im medizinischen Bereich tätig. Jetzt, so denke ich, ist es so weit.

Ich denke nicht lange nach, lasse mir die Telefonnummer von seiner Schwester geben und rufe ihn kurzer Hand an. Ich möchte einen Rat von einem Spezialisten der HNO haben. Ich bin der Meinung, dass es richtig ist sich auch eine andere Meinung einzuholen, denn es steht für mich sehr viel auf dem Spiel. Mein Cousin verspricht mir zu helfen und schon bald will er einige Papiere von meinem Krankheitsverlauf haben. Ich informiere natürlich auch den HNO-Arzt, der meinen Krankheitsverlauf verfolgt, über meine Entscheidung und dieser ist voll und ganz damit einverstanden. Ich besorge die Papiere und erhalte einen Termin und gegen Ende August fahre ich, begleitet von meinem Mann in die HNO. Ich bin schon neugierig, was man mir dort sagen wird. Wir sind etwas früher dort, ich gebe die Unterlagen der Sekretärin und dann warten wir. Der Primar, bei dem die Untersuchung geplant ist, kommt pünktlichst, sogar schon früher (das gäbe es in Italien sicherlich kaum!); ich nehme im Untersuchungszimmer Platz und er untersucht meinen Hals. Ich fühle mich wohl, fast wie bei einer Plauderei mit Freunden. Während er darauf wartet, dass die örtliche Betäubung wirkt, stellt er mir einige Fragen zum Krankheitsverlauf und den Eingriffen die gemacht wurden.

Er glaubt auch nicht, dass es in meinem Fall sinnvoll ist, die Stimmlippen zu entfernen. Die fünf Eingriffe mittels Laser haben keinen nennenswerten Erfolg gebracht, da dort wo gelasert wurde, das „Fleisch" sofort wieder nachwächst und somit den gewonnenen Platz wieder ausfüllt. Darin liegt eigentlich mein Problem und ich sehe das so: man lasert und lasert und puff… alles umsonst. Der Herr Professor rät mir ein CT zu machen um die Struktur, den Knorpelaufbau usw. besser sehen zu können und um dann, wenn möglich, eventuelle Lösungen anbieten zu können. Im Moment will er sich dazu richtigerweise noch nicht äußern. Er spricht auch positiv über die Krebsoperation und meinen Gesamtzustand. Ich nehme den Befund, bedanke mich und verspreche das Ergebnis des CT zu schicken. Ich bin froh, diese Erfahrung gemacht zu haben.

Ich rufe meinen Cousin an und wir treffen uns in seinem Büro. Es freut mich riesig ihn nach so langer Zeit endlich wieder zu sehen. War auch Zeit! Ich traf ihn zum letzten Mal beim Begräbnis meiner Mutter; da hat er mir auch seine Hilfe angeboten. Er ist eine sehr liebenswerte Person und wir kamen immer gut miteinander aus. Er verspricht mir auch, dass nichts gemacht wird, was riskant sein könnte.

Ich mache mich fröhlich auf den Heimweg, denn der Eindruck war positiv und ich bin wieder mit mir und der Welt zufrieden, auch wenn ich überhaupt nicht weiß, was mir die Zukunft bringen wird.

*

Ich erzähle alles dem HNO-Arzt zu Hause und dieser schreibt das Rezept für das CT und erklärt mir genau, was das ist. Er verschreibt es mir mit Kontrastmittel, denn so haben wir zugleich die Kontrolle wegen dem Krebs, den ich hatte. Ich hätte sowieso ein CT dafür machen müssen.

Gott sei Dank kein Rückfall! Hurra! Dann zeigt er mir mit allen Erklärungen den Kehlkopf. An einem Punkt ist er sehr, sehr eng und ich kapiere, dass da nur wenig Platz für die Luftzufuhr ist. Es ist wirklich schön, meinen Hals von dieser Perspektive aus zu sehen und ich verstehe jetzt auch einiges mehr.

Wir werden ja sehen, was und ob man etwas machen kann. Ich bin der Überzeugung man MUSS etwas machen. Wie es jetzt aussieht, kann es nicht bleiben. Trinken ist kein Vergnügen mehr, sondern nur eine lästige Notwendigkeit und ich werde beim Essen und Trinken auch immer schmutzig. Zudem hat man mir hier und auch in Österreich gesagt, dass ich auch etwas von allem inhaliere, besonders die Spucke. Das könnte dann auch womöglich häufige Lungenentzündungen zur Folge haben. Ich bin schon etwas müde und all das auch leid. Aber NEIN, nein noch gebe ich sicher nicht auf. MAN MUSS eine akzeptable Lösung finden, das heißt bessere Atmung, die Stimme erhalten und keine oder fast keine Essprobleme mehr haben. Das will ich haben! Ich halte durch, aber ab und zu muss ich einfach Dampf ablassen und das lautstark!

*

Nun arbeite ich wieder. Ich bin froh darüber und auch das Mädchen, das ich schulisch betreue. Sie ruft mich sogar Mama. Und was passiert nach einer Woche? Gerade am Tag, an dem ich bei der Untersuchung war und von meinem Arzt alle Erklärungen bekommen habe bekomme ich am Abend Fieber: 38,8°C! So etwas! Da kann ich natürlich nicht zur Arbeit gehen, rufe meinen Hausarzt an und der stellt fest, dass meine Lungen zum Glück sauber sind. Also eine Woche Hausarrest: Ruhe und Entspannung, schlafen, Inhalationen... Mein Gott wie langweilig!

Ahhh, fast vergaß ich's. Ich habe den Befund und die Aufnahmen vom CT nach Österreich geschickt. Wer weiß, was sie dazu sagen werden. In der Zwischenzeit habe ich auch gelernt mir nicht zu schnell Hoffnungen oder Illusionen zu machen. Ich lass es auf mich zukommen. Im Grunde ändert sich nichts daran; nur wenn du dich deprimierst wird es schlimm. Im Grunde genommen geht es mir gut – es ist nur lästig, das ja, aber im Großen und Ganzen habe ich gar nichts zu jammern.

Nach zirka drei Wochen habe ich die Antwort: „Im Moment macht man gar nichts. Der Kehlkopf hat gerade einen Eingriff hinter sich, es fehlen Knorpeln und die Aritenoide ist gebogen, usw." Na, es ist besser nicht in die Details zu gehen. Kurz und gut, es heißt abwarten; wer weiß wie lange. Man sagt mir, dass alles erst richtig verheilen soll, dann kann man weitersehen. Ich habe auch mit meinem Cousin darüber gesprochen. Ich will auch nichts Gefährliches oder irgend ein Experiment machen, wie zum Beispiel alles zu rekonstruieren. Er ist derselben Meinung. Bevor ich etwas ganz Ungewisses mache, bleibe ich lieber, wie ich bin.

Im Grunde war ich schon auf die Antwort vorbereitet und so hat sie mich nicht schwer getroffen.

In der letzten Zeit benütze ich ein „neues Modell" um das „Loch" zu bedecken, ein etwas schickeres und funktionelleres als die Gaze. Es handelt sich um ein großes Pflaster mit Loch und dazu passendem Stöpsel. Den Stöpsel drücke ich hinein, wenn ich sprechen will und die Stimme ist auch klarer. Aber leider hat jede Medaille zwei Seiten. Meine Haut liebt Pflaster nicht besonders, sie wird rot und juckt. „Schei...benkleister". So muss ich Pflaster und Gaze abwechselnd verwenden. Auch löst sich das Pflaster, wenn es nass wird. Am Anfang, bei meiner übermäßigen Speichelproduktion, musste ich es alle ein bis zwei Stunden wechseln. Das war richtig ungut, denn wo das Pflaster hält, hält es ordentlich und beim Ablösen kann etwas Haut mitgehen. Gott sei Dank kann ich es mit der Zeit bis zu sieben Stunden tragen. Das ist besonders beim Arbeiten in der Schule, d. h. im Umgang mit den Schülern und Kollegen wichtig. Ich spreche so deutlicher. Mit der Zeit müsste es mir gelingen, das Pflaster den ganzen Tag über zu tragen. Das gilt natürlich nicht, wenn ich Schnupfen oder Halsweh habe, denn in diesem Fall produziere ich zu viel Spucke und Katarrh.

Ich bespreche dann mit dem HNO-Arzt die Antwort aus Österreich. Auch er ist der Meinung, im Moment nichts zu machen und er rät mir zu zweimal wöchentlich Logopädie. Ich bespreche das mit der Logopädin und kann es so einrichten, dass dies auch nicht viel Einfluss auf meine Arbeitszeit hat.

Ich bin weder enttäuscht noch deprimiert. Im Moment und gerade nach dem letzten Eingriff bin ich nicht besonders scharf auf ein neues Abenteuer. Es ging mir gar nicht gut und ich glaube, daran war die Narkose schuld. Ich hatte danach so viele Erinnerungslücken und die habe ich auch jetzt noch immer! Wer weiß – es ist einfach mysteriös. Vielleicht wollte mir mein Körper nur sagen: „Jetzt ist es genug! Man kann nicht ewig weglasern!" Ich denke nicht mehr nach und sage mir: „Es war nur eine negative Erfahrung, aber es hat keinen Sinn nach dem Warum zu fragen." Vor ein paar Tagen habe ich die Krankenschwester getroffen, die an dem Tag Dienst hatte und wir haben darüber gesprochen. Sie glaubte ich wäre nervlich zusammengebrochen und alles Vergangene und Unterdrückte wäre herausgekommen. Aber so war es nicht. Mein Gehirn funktionierte nicht richtig; ein entsetzliches Gefühl, wenn man nicht weiß wer und wo man ist und sich nicht zurechtfindet. Das wünsche ich niemandem! Nun, Schwamm darüber und vorwärts blicken! Manchmal wäre es besser, sich gar nicht zu erinnern!

Die Logopädie tut mir gut. Die neuen Übungen helfen mir beim Schlucken und ich spüre, dass es bereits etwas besser geht. Ich muss täglich zwanzig bis fünfundzwanzig Minuten üben, in der Hoffnung, dass es irgendwann wieder automatisch funktioniert. Und was werde ich dann mit der übrigen Zeit anfangen?

Wenn man meine Stimme mit der vor einigen Monaten vergleicht, hört man den Unterschied; sie ist lauter und reiner. Ich bringe nun schon unterschiedliche Töne heraus, auch wenn man es nicht als Musik bezeichnen kann. Bäh, ich sang vorher alles andere als richtig, warum soll's jetzt anders sein? Auch ähnelt die Stimme jetzt weniger einer „italienischen Mokka-Maschine" – sie ist etwas weniger gurgelnd. Nur wenn man die Stimme von Zeit zu Zeit registriert, kann man den Unterschied feststellen. Im Moment mit Vollgas voraus: Wasser schnupfen, Maske, Zungenübungen, Halsmuskeln stärken, usw.

Ab und zu, ehrlich gesagt ganz selten gehe ich noch zur Psychologin. Es tut richtig gut. Ich gehe auch regelmäßig einmal die Woche zur Entspannungsgymnastik; man entspannt sich dabei richtig gut und wir sind auch eine sehr feine und lustige Gruppe.

Auch an Arbeit fehlt es mir nicht: Familie, Schule, Haus, usw. Da fühlt man sich so richtig NORMAL! Was kann da noch fehlen!

Ende Jänner habe ich die Kontrolluntersuchung, das „Follow up". Nun sind vier Jahre Kampf um. Ich gebe noch nicht auf und denke, es wird immer etwas besser werden. Und so gehe ich fast unbeschwert, fröhlich und ohne viel nachzudenken durchs Leben, frei nach dem Motto: **„Was dich nicht umbringt, macht dich stärker!"**

Das „Follow up" im Jänner war ok, keine Rückkehr des Tumors – Gott sei Dank. Das ist super! Sonst gibt es keine Veränderungen, wenn nicht im negativen Sinn. Das Problem mit dem Schlucken verstärkt sich wesentlich. Oft rinnt die zu mir genommene Flüssigkeit einfach aus dem „Loch" heraus und es wird trotz des täglichen Übens nicht besser. Aber wenn ich nicht übe - es sind sehr viele Übungen - schlafe ich auch nicht genug und dann kann ich auch nicht lange sprechen, was bei der Arbeit sehr hinderlich ist. So mache ich jeden Tag nach dem Frühstück dreißig Minuten Gymnastik: einige Übungen für den Hals, andere für die Atmung und dann die logopädischen usw. Etwas Positives gibt es trotzdem: meine Stimme ist wesentlich klarer und nicht mehr so rau. Ich muss mich einfach mit kleinen Schritten zufrieden geben, auf meinen Körper hören und so geht's eigentlich ganz gut vorwärts. Natürlich ist es auch unangenehm, wenn du immer weiter machst und die erhofften Resultate nicht eintreffen, aber… man lebt, arbeitet und kann im Großen und Ganzen ein fast normales Leben führen. Na, ist das nichts?

*

Eine ganz große Neuigkeit! Hört, hört! Es ist ein Gesetz in Kraft getreten, dass dir in bestimmten Fällen und unter bestimmten Umständen erlaubt ins Ausland zu gehen und dich dort behandeln zu lassen, z.B. wenn es die erforderlichen Behandlungsmethoden im eigenen Land nicht gibt, wenn die Wartezeit dazu zu lange dauert, usw. Da fallen mir sofort die Strukturen in Österreich ein. Vielleicht gibt es dort eine Behandlungsmethode für meinen Fall und ich hatte dort ja auch schon eine Untersuchung. „Halleluja, spitze, super!" In diesen Gesetzesnormen sehe ich eine Möglichkeit die schlechteste Seite meiner sogenannten Gebrechen zu beseitigen: das mangelnde Schluckvermögen. Wo man mich operiert hat gibt es keine Verbesserungsmöglichkeiten mehr, auch im Hinblick auf die fünf Lasereingriffe, alle ohne nennenswerten Erfolg. Auch im Zentrum, das auf Kehlkopfleiden spezialisiert ist gab es keinen Erfolg zu verbuchen. Hier in Italien gibt es nur eine Möglichkeit das Schlucken zu verbessern: den gesamten Kehlkopf herausnehmen und dadurch auch Stimme adieu! Also Schlucken oder Stimme! Aber bevor ich nach Österreich gehen kann, muss ich mich in den großen, spezialisierten, einheimischen Zentren untersuchen lassen. Der HNO-Arzt gibt mir die nötigen Unterlagen dazu und ich telefoniere, um einen Termin zu bekommen. Die zwei großen Zentren im Norden haben im April noch einen Termin frei, das in Mittelitalien erst einen in einigen Monaten. Gut. Ich bereite alles dafür vor, denn in nur zwei Wochen geht's ab nach Mailand. So schnell ging's; wer hätte das gedacht! Da der Termin an einem Montag ist, werde ich bereits am Samstag in der Früh losfahren und mir dann die Stadt anschauen: den Dom, die Scala…

*

Das Mailänder Abenteuer

Ich bin startklar und mit meiner Freundin unterwegs. Leider geht es mir seit ein paar Tagen nicht so gut, aber ich muss nach Mailand, sonst verfällt mein Termin und wer weiß, wann ich wieder einen bekomme und das Hotel und der Zug für zwei Personen sind gebucht. Ich will auf gar keinen Fall all das absagen. Also schnell eine Schachtel „Paracetamol" (fiebersenkendes Mittel) eingepackt und im Moment nur kein Fieber messen. Schon am Freitagabend fahre ich zu meiner Freundin. Mir ist kalt und ich habe etwas erhöhte Temperatur: eine Tablette und ab ins Bett. Wir fahren früh am nächsten Morgen mit ihrem Sohn ab, nehmen dann den Zug und… Mailand wir kommen! Am Samstagnachmittag eine kleine Erkundungstour, Abendessen, die dritte Tablette und dann gehe ich frühzeitig ins Bett. Ich habe wirklich keine Lust im Bett zu bleiben, da ich ja das erste Mal hierhergekommen bin. Morgen wollen wir den Dom besichtigen und auch ganz hinaufsteigen. Am Sonntagmorgen geht es mir noch ganz gut, ich fühle mich nur ein bisschen schwach, nehme eine Tablette, frühstücke und wir ziehen los. Zu Mittag fehlen mir fast die Kräfte, aber nichts und niemand kann mich von der Besteigung des Doms abhalten. Das Aufwärtsgehen der Stufen lässt meine Knie wie Pudding anfühlen, aber ganz oben steht die Mutter Gottes Statue und da müssen wir hinauf. Wir legen kleine Pausen ein, fotografieren, plaudern und… sind oben. Wenn ich meine Freundin nicht hätte… sie ist ein echter Schatz! Ich bin müde aber froh und ich habe es geschafft. Am Nachmittag gehen wir noch durchs Zentrum, ruhen uns in einer der größten Büchereien aus, kaufen ein Fieberthermometer und gehen dann nach Hause. Ich habe 39°C. Fieber, nehme eine Tablette und bin um sechs ohne Abendessen im Bett. Ich mache mir auch keine Sorgen, denn morgen wird ja mein Hals gründlich untersucht und wenn es etwas gibt, werden sie es mir schon sagen. Beim Termin am nächsten Tag stellt man keine Entzündung im Hals fest. Man sagt mir auch, dass es bei ihnen für meinen Fall keine Behandlungsmöglichkeiten zur Verbesserung der Kehlkopfsituation gibt. Bäh, ein Hindernis weniger um die Erlaubnis zu bekommen, mich im Ausland behandeln zu lassen. Auch ist Mailand wirklich weit weg von zu Hause.

Wieder daheim, gehe ich zu meinem Hausarzt, der mich dann wegen einer Lungenentzündung krankschreibt, d. h. Antibiotika und Inhalationen. Wahrscheinlich ist mir beim Essen wieder einmal etwas in den „falschen Schlund" gekommen. Bronchial- und Lungeninfekte können bei mir des Öfteren wegen dem Fehlschlucken vorkommen. Wieder gesund und munter bereite ich mich auf die nächste Untersuchung in einem anderen großen Institut in Mailand vor und weil am Tag des Untersuchungstermins kein Platz im Zug zur Rückfahrt mehr frei ist, buche ich bis Samstag. Wunderbar! Der Termin ist am Donnerstag und am Freitag ist die Eröffnung der EXPO. Da habe ich richtig Glück gehabt.

Diesmal begleitet mich mein Mann und ich bin gesund und in Form. Die Untersuchung ist ok. Man redet mit mir über eine Möglichkeit zur Verbesserung meiner Beschwerden durch eine neue Technik. Diese ist aber leider nur experimentell und man weiß noch nicht ob sie in meinem Fall anwendbar sein würde. Dazu bräuchte es eine Reihe von Voruntersuchungen und das braucht Zeit usw. Ich werde diese Möglichkeit noch nicht abhaken und wieder zu Hause werde ich mich per Mail bei der Ärztin, die mich untersucht hat genauer informieren.

Am Abend gehen wir im Stadtzentrum spazieren und bleiben dann noch, gemütlich auf einem Mäuerchen sitzend, zum Eröffnungkonzert der EXPO am Domplatz. Die Stimme von Bocelli ist Klasse.

Gegen Mitte März spreche ich mit meinem Cousin über die Möglichkeit sich mittels Krankenkassenversicherung im Ausland operieren zu können. Er erzählt mir von einem Professor an der Universitätsklinik, von dem er mich untersuchen lassen möchte. Er erzählt mir von den neuen fortgeschrittenen Techniken, die dieser anwendet, um die Lebensqualität zu verbessern. Das lasse ich mir nicht zweimal sagen und bekunde mein sehr starkes Interesse. Wenn es etwas gäbe, das meine Schluckbeschwerden verbessern oder eliminieren könnte, ok. Da gibt's nicht viel nachzudenken! Das Problem mit dem Schlucken wird immer schlimmer, im Gegensatz dazu, die Stimme besser. Ich spreche nun etwas deutlicher, aber aus meinem „Loch" rinnt stets etwas vom Flüssigen, das ich trinke, wieder heraus. Schei… ! Das hat mir gerade noch gefehlt! Ich kann es einfach nicht kontrollieren. Wenn ich beim Schlucken nicht hundertprozentig aufpasse, rinnt es mit rasender Geschwindigkeit so wie es beim Mund hineinkommt, wieder beim Loch hinaus. Zum Glück trinke ich sehr gerne Wasser und in letzter Zeit nur dieses, denn sonst wären meine Lungen wirklich sehr arm dran. Kann man das eigentlich noch richtig als Leben bezeichnen? Das gesellschaftliche Dasein ist auch sehr eingeschränkt; ich gehe nicht mehr so gerne mit Freunden aus – ich kann nur essen, nicht trinken – auch ein ganz kleiner Kaffee wird zum Abenteuer. Ich entscheide mich und möchte mich bei dieser Kapazität der Medizin untersuchen lassen, und hoffe dann auch die Frage der Auslandskuren zu lösen. Ich bekomme einen Termin im Juni. Gut so besteht auch am Arbeitsplatz kein Problem, denn der Unterricht ist da schon aus. Ich mache mir auch keine Illusionen, ich lasse die Dinge einfach an mich herankommen. Mich juckt die Neugierde und auch die Hoffnung, ob man etwas machen kann oder nicht. Meinem Cousin vertraue ich voll und ganz, denn er würde mich keine Experimente machen lassen oder etwas, das zu riskant wäre. In meiner Familie gilt noch das Motto: „Einer für alle, alle für einen." So helfen wir uns gegenseitig. Ich habe auch ein gutes Bauchgefühl.

Die Untersuchung an der Klinik im Ausland

Man sagt mir, dass ich drei Tage in der Klinik bleiben soll und sofort nach der Ankunft beginnt man mit den Untersuchungen. Man beginnt mit der Logopädin, die mich über die Stimme, das Schlucken und die Atmung ausfragt. Sie gibt mir auch einige Übungsblätter – Ich soll in der Zwischenzeit einige Übungen machen. Sie will dann am Abend noch einmal vorbeischauen. Am Nachmittag habe ich dann den Termin mit der Kapazität, dem Primar der Station. Ich bin schon sehr neugierig darauf, was er mir sagen wird. Er hört mir genau zu, stellt gezielte Fragen und schaut meine Befunde an. Er sagt mir auch, dass am nächsten Tag ein Computertomografie (Hals und Kopf) gemacht wird und eine Aufnahme vom Schluckweg.

Am Nachmittag erklärt mir die Logopädin dann die Untersuchung des Schluckwegs und wir gehen die Übungsblätter durch. Sie verabschiedet sich und sagt, dass wir uns am nächsten Tag zur Untersuchung treffen würden.

Man fängt früh an: Blutbild, dann die Schluckweganalyse (um halb acht) und dann das CT mit Kontrastmittel (Kopf und Hals). So bin ich am Vormittag beschäftigt. Die Schluckuntersuchung ist etwas beschwerlich – ich muss eine schwarze Flüssigkeit trinken – sie soll weniger schädlich sein als „Boro", die weiße. Die Untersuchung im Stehen verläuft, wie schon geahnt, schlecht: ein großer Teil der Flüssigkeit wird geschluckt, ein etwas kleinerer fließt beim Tracheostom hinaus und etwas geht „hops" in die Bronchien. Man sieht das auf dem Bildschirm ganz genau. Ich habe das Schlucken in verschiedenen Positionen probiert: Kopf nach unten, schräg… nichts zu machen; etwas fließt immer in die Lunge. Das kann sehr gefährlich werden, besonders wenn man erbricht, denn der Magen ist voller Bakterien. Wenn diese dann in die Lunge gelangen... Die Ärzte im Labor erklären mir ganz genau was sie gesehen haben. Ich hatte das schon erwartet, denn auch in Italien wurde bereits vor einiger Zeit eine ähnliche Untersuchung gemacht. Also nichts Neues, nur eine etwas gründlichere Bestätigung. Dann geht's weiter zum CT, mit dem Resultat: kein neues Auftauchen des Krebses. Eine Super-Nachricht!

Danach erklären mir die zwei Professoren der Kieferchirurgie und der HNO, was sie tun könnten um die Funktionen zu verbessern. Sie erklären mir an Hand eines Modells eines weiblichen Kehlkopfs, was möglich wäre. Das ist gut so, denn so bekommt auch ein Laie wie ich etwas mehr Ahnung davon und kann sich alles besser vorstellen. Sie sagen mir dann, was in meinem Fall ratsam wäre. Mit wenigen Worten: ein Transplantat, das vom Ohr genommen werden soll als „Kehlkopfdeckel", verpflanzt mit allen Blutgefäßen. Interessant! Eine Transplantation stelle ich mir positiv vor, denn wenn sie mir mein Schluckproblem nehmen oder einschränken könnte, wäre das wunderbar. Ich bitte sie auch mit meinem Cousin darüber zu reden. Ich sage auch, dass mir dieser Eingriff sehr zusagt und ich sehr dafür bin.

Dann spreche ich auch mit meinem Cousin darüber. Er kennt die beiden Professoren und sagt mir, dass ich in sehr guten Händen sei. Ich bin mir aber auch im Klaren, dass immer ein bestimmtes Risiko bei allen Eingriffen dabei ist.

*

Wieder zurück in Italien muss ich mich schnellstens um alle Papiere kümmern, die nötig sind, um von der Krankenkasse die Bewilligung zu bekommen im Ausland operiert zu werden. Im Büro erklärt man mir genau, was ich brauche. Ich kopiere alles was von den bereits gemachten Eingriffen vorhanden ist, die Papiere aus Mailand, die Befunde aus Österreich, die sagen, was man machen möchte und den Bericht eines italienischen Spezialisten der HNO und mein Formular. „Buh" Italien ist von Papieren überflutet! In diesem Fall kann ich noch verstehen, dass alles dokumentiert werden muss, denn es ist auch eine Kostenfrage.

Ich liefere alles im Büro ab und warte auf Antwort. Die bekomme ich dann auch (fast zwei Monate später): das Gesuch ist im Moment eingestellt: man fordert NOCH weitere Papiere. Die Kommission will eine genaue Beschreibung der Operation und eine Statistik. Ich schreibe eine Mail an meinen Cousin und sage und schreibe NUR eine Woche später bekomme ich alles! So schnell ging das! Beschreibung auf Italienisch, Statistik auf Englisch. Da ist man natürlich sehr positiv überrascht. Hoffentlich genügt das nun auch. Ich werde langsam nervös, auch weil ich nun zirka eineinhalb Monate auf eine Antwort warten muss. Warum das alles? Ich muss einfach geduldig sein, denn im Moment, während ich das niederschreibe, bin ich krank: grippeähnliche Symptome. Ich kann nur schlecht atmen, der Schleim blockiert die Atemwege und rinnt aus allen Löchern (das kommt davon, wenn man mehrere hat!) und dazu quält mich noch ein hartnäckiger Husten. Ich belle wie ein Hund. Na, ich lasse es mir aber an nichts fehlen! Man sagt ja, dass ein geflickter „Häfen" länger hält. Geflickt bin ich, aber das Wasser rinnt trotzdem aus allen Löchern! Es ist an der Zeit einen neuen Flicken draufzusetzen.

Nach einer ziemlich langen Wartezeit ist es endlich soweit und einige Tage vor Weihnachten erhalte ich die langersehnte Antwort von der Krankenkasse: ICH DARF MICH IN ÖSTERREICH OPERIEREN LASSEN! Super! Das ist ein wunderschönes Weihnachtsgeschenk. Ich bin richtig glücklich über die Antwort, auch wenn ich nicht so genau weiß, was mich alles erwartet. Es wird kein Spaziergang sein, das ist mir klar, denn die Operation dauert ziemlich lang – wenn ich mich recht erinnere über sechs Stunden. Aber ich bin sehr zuversichtlich: das war ich immer, denn ich hatte stets großes Vertrauen in die Leute, die mich betreuten usw. Und das hat mich noch nie enttäuscht. Mit der Operation befasse ich mich in Gedanken gar nicht, denn das ist mir zu technisch. Mich beschäftigt nur ein wenig das danach: „Wie werde ich unmittelbar nach der OP ernährt werden (intravenös – meine Venen sind dafür schlecht geeignet oder mit Sonde), werde ich ganz ruhig liegen müssen (fast unmöglich bei mir), wie weit werden sie den Hals aufschneiden oder was sonst.... Bah, ich werde das alles vor der OP mit dem Professor klären. Ich will nicht weiter darüber nachdenken, sondern dann fragen, wenn es soweit ist."

Ich schreibe meinem Cousin, schicke die Antwort an die Kieferabteilung und schon bald werde ich angerufen und man teilt mir den OP-Termin mit: Einweisung am 6., OP am 8. März (8. März, Tag der Frau, ein gutes Omen, das bringt bestimmt Glück).

Ab Mitte Februar muss ich einige Untersuchungen dafür machen: Blutbild, Lungenröntgen, Ultraschall und EKG vom Herz. Gesagt, getan und ich besorge mir die Termine.

Leider ruft man mich einige Tage später wieder an: OP-Termin verschoben auf den 24., Einweisung am 21. März. Was soll's – es sind ja nur zwei Wochen. Ich habe so lange darauf gewartet, dass die zwei Wochen das Kraut auch nicht mehr fett machen. Ich verschiebe die Termine, denn die Befunde dürfen nicht älter als drei Wochen bis ein Monat sein und dann denke ich nicht mehr dran.

*

In der letzten Zeit, um genau zu sein vom 5. Jänner an, spielt mir meine Stimme einen Streich: ich bin fast stumm. Ich kann nur noch flüstern, bei meinem Beruf darf ich das auch nicht unterbewerten. Da komme ich manchmal auch in ganz lustige Situationen. Ich flüstere mit einer Person, man hört mich kaum, da kommt eine dritte hinzu. Meistens, wenn sie mich so hören, spricht ihr Gesicht Bände: was oder über wenn reden die… und man sieht das Fragezeichen direkt ins Gesicht geschrieben. Scherz bei Seite, hoffentlich geht das bald vorbei, denn das geht nun schon einen Monat so. Vielleicht sollte ich doch zu Hause bleiben und mich auskurieren? So gehe ich wieder zum Hausarzt. Der untersucht mich gründlich und sagt, dass es sich nur um eine Erkältung handelt, gibt mir eine Woche Krankenstand und sagt, ich solle meine Stimme schonen. Aber diese kommt nicht wieder und ich bin bis zur OP fast lautlos. Entsetzlich! Na was da wohl draus wird!

*

Ich habe nun alle Untersuchungen hinter mir und Gott sei Dank ist alles in Ordnung. Auch das „Follow up" des fünften Jahres ist ok. Super! Im Moment ist alles bis auf meine Stimme bestens. Ich denke das Jahr 2016 wird ein fabelhaftes, wundervolles Jahr für mich.

Und… Österreich wartet auf mich. ICH KOOOMME!

DER KLINIKAUFENTHALT IN ÖSTERREICH

Die Einweisung ist am 21. März um 15.00 Uhr geplant. Ich melde mich, wie fast immer etwas früher, weil es auch schwierig ist alles auf die Minute genau zu berechnen. Die Reise mit dem Zug ist gut gegangen und hat mich auch nicht sonderlich ermüdet. Mein Mann und ich sind so gegen Mittag angekommen, er hat dann von seinem Hotelzimmer Besitz ergriffen, da er ja einige Tage hier bleiben möchte, wenigstens bis nach der OP. Und dann geht´s ab zu einem guten Essen. Ich habe ein Cordon Bleu und Pommes gegessen, da ich genau weiß, dass diese Speisen dann für längere Zeit tabu sein werden. Und was tabu ist, ist umso interessanter! Und so genieße ich es eben vorher.

Wir kommen etwas früher in die Klinik, ich gebe die Papiere und die Untersuchungsergebnisse ab und dann beginnt der bürokratische Ablauf. Ich spreche mit einem Arzt, dann kommt ein Italiener und übersetzt die italienischen Atteste ins Deutsche. Dann geht´s weiter mit den Narkoseärzten, denn sie müssen entscheiden wo und an welche Vene das Narkosemittel angeschlossen werden soll: Arm oder Oberkörper.

Nachdem ich die Aufnahme hinter mir habe, zeigt man mir das Zimmer: es ist groß und freundlich und die Bettwäsche ist nicht wie üblich rein weiß, sondern gemustert. Die Vorhänge sind auch sehr fröhlich. Herrlich – wie zu Hause! Im Moment bin ich noch allein im Doppelzimmer und am Abend sehe ich ein bisschen fern. Am nächsten Tag habe ich nichts Besonderes zu tun und vertreibe mir den Tag mit fernsehen, lesen, im Korridor spazieren gehen. Am Nachmittag wird mir die Mitteilung gemacht, dass man die Narkose über den Arm machen wird und nicht über die Brust. Na ja, ich hoffe meine armen Venen halten das aus! Aber besser so! Die andere Lösung soll auch gefährlicher sein, hat man mir erklärt.

Ich spaziere ein paarmal den Gang entlang, um mir die Beine zu vertreten. Ich will nicht jetzt schon den ganzen Tag faul im Bett liegen. Am Abend habe ich die Besprechung mit dem Primar der Kieferstation, der eine wirkliche Kapazität in diesem Bereich ist. Wenn man mit ihm spricht, wird einem warm ums Herz; es ist eine echte Freude. Er und der Primar der HNO werden mich am Donnerstag gemeinsam operieren. Ich habe schon vorher mit ihnen gesprochen, Kapazitäten ja, aber auch sehr menschlich und man fühlt sich richtig sicher, fast fühle ich mich im Moment noch wie auf Urlaub. Ich mache mir überhaupt keine Sorgen und verschwende keinen Gedanken an etwas Negatives ich fühle mich wohl und es geht mir gut. Auch das gesamte Personal der Kieferstation, wo ich mich befinde, ist sehr freundlich. Ein gutes Zeichen und mein Bauchgefühl ist auch positiv.

Am nächsten Tag, während ich auf das Gespräch mit dem Professor der HNO warte, lese ich, schaue fern oder schlafe. Man zapft mir Blut ab, damit man die richtigen Reserven bereitstellen kann, wenn eventuell eine Transfusion notwendig sein sollte. Auch muss ich hochkalorische Getränke zu mir nehmen, damit ich mich an sie gewöhne. Diese Sonden-Nahrung wird dann für einige Zeit meine Ernährung darstellen. Ich kenne sie schon aus früheren Zeiten; sie schmecken nicht besonders, aber es gibt schlimmeres. Sie sind so schrecklich süß, viel zu süß für meinen Geschmack.

Ich habe auch beide Professoren um einen großen Gefallen gebeten, da das ja ein großer und langer Eingriff sein wird: sie sollen mich vor der Operation begrüßen. Das ist so ein Ritus von mir, den ich schon bei allen OPs in Italien hatte. Er gibt mir Sicherheit und ich bin dann ganz ruhig und gelassen. Beide versprechen es mir und ich bin zum Eingriff bereit.

Die Operation und die Zeit danach

Bei der Operation will man vom Ohrläppchen durchblutete Knorpel mit allem drum herum (Arterien...) entnehmen und diese als "Deckel" auf den Kehlkopf transplantieren. Das soll dann die Luftwege beim Schlucken verschließen, damit keine Speisenreste mehr in die Lunge gelangen. Es wäre eine wunderbare Sache endlich wieder richtig schlucken zu können, den Schal und das T-Shirt usw. nicht zwei- bis dreimal am Tage wechseln zu müssen, denn die Speisereste, die Spucke, besonders aber alle Flüssigkeiten kommen ruckzuck aus dem „Loch" wieder heraus. Ich bin überzeugt, dass die zwei Kapazitäten ihr Bestes geben werden.

Ich wache in einem, man könnte sagen „Separee" eines großen Saales auf. So ganz klar war mir das am Anfang nicht; man ist ja nicht sofort ganz da. Ich bin völlig ruhig und auch neugierig, was da alles auf mich zukommt. Das Erwachen ist viel angenehmer als beim letzten Mal. Da hatte ich richtige Panikattacken und ich war auch etwas aggressiv. Auch hier haben sie viele frisch Operierte zu versorgen und es ist nicht einfach jemanden zum Absaugen des Schleims zu bekommen. Ohhh, der Katarrh verfolgt mich überall hin – er ist sooo treu und lässt mich nie im Stich! Ich bekomme Besuch: von den Primaren, meinem Cousin und meinem Mann. Sie sagen mir, dass alles gut verlaufen ist. Wenn ich ehrlich bin, weiß ich nicht einmal, wie lange die OP gedauert hat (ist im Moment auch gar nicht wichtig) und wie lange ich hier auf der Intensivstation bleiben muss. Gott sei Dank bleibe ich nur kurz hier; es gefällt mir nicht besonders gut: es ist steril und alle haben es sehr eilig. Es ist nicht gerade einfach, sich bemerkbar zu machen, wenn man etwas braucht. Ich habe wenig Aufmerksamkeit nötig, ich brauche nur zum Absaugen Hilfe und ich fühle mich eigentlich sehr gut und in Form. Ja, gut, ich bin ein bisschen müde, aber das wird normal sein und so lasse ich mich einfach einnicken. Und Eile habe ich auch keine!

Die Zeit vergeht sehr schnell und man bringt mich aufs Zimmer. Wie schön! Da weht ein anderer Wind! Ich darf zwar noch nicht sprechen, aber man bringt mir einen Notizblock und einen Kugelschreiber. Außerdem stehen auf der ersten Seite die wichtigsten Sätze schon geschrieben, so braucht man nur hinzuzeigen. Klasse! Das ist eine sehr gute Idee. Sie sind hier wirklich spitze!

Nun fühle ich mich wieder wie Barbara-Elefant, weil aus meiner Nase die Magensonde pendelt. Ich werde sie zwei Wochen ertragen müssen. Das gefällt mir gar nicht so gut, aber man muss mich auch irgendwie ernähren. Immerhin ist es besser so, als die intravenöse Ernährung, die mir meine Venen kaputt macht. Ich muss des Öfteren auf die Waage steigen, denn ich darf nicht abnehmen und soll auch die verlorenen Kilos wieder zunehmen. Da ist man sehr genau; nehme ich ab, bekomme ich mehr zu „essen". Der Inhalt ähnelt sehr den Flaschen zur Nahrungsintegration, der Geschmack scheint derselbe zu sein. Am Anfang habe ich sie gut vertragen, aber im Laufe der Zeit wurde mir schlecht davon und nach einigen Tagen kam auch Sodbrennen dazu. Das „Feuer" brennt mir bis in den Mund und ich habe nichts zum Löschen! Fürchterlich und dabei bin ich eigentlich nicht sehr wehleidig. Zum Glück nehme ich noch Antibiotika und schmerzstillende Mittel, die mir etwas geholfen haben.

Ich werde jeden Tag genauestens untersucht und ich sage scherzhafter weise, dass der Primar genauso neugierig ist, wie ich es bin. Auch zeigt er mir am Monitor wie die Heilung fortschreitet. Es werden auch Fotos von meinem Kehlkopf mit neuem Teilstück gemacht. Man sieht da genau, wo das Transplantat angenäht wurde und so versteht das auch ein Laie wie ich. Jedenfalls eine hervorragende Präzisionsarbeit!

Mit meiner Frisur sieht man auch das verstümmelte Ohrläppchen nicht. Man hat auch dem Rechnung getragen, dass man auch eventuell eine Lesebrille oder eine Sonnenbrille aufsetzen muss. Auch dies darf man nicht unterbewerten, denn ich muss stets bei Sonnenschein eine Sonnenbrille aufsetzen wegen meiner Makula-Pathie. Sie haben wirklich an alles gedacht! Nun habe ich ein Ohr wie Mr. Spock von der Fernsehserie Enterprice und der Knopf der die Kanüle schließt erinnert an „Frankenstein". Wie bin ich doch berühmt!

Anfangs darf ich nicht sprechen, dann nur das Nötigste – das ist anstrengend für mich, denn ich rede gern und auch viel und so flüstere ich, schaue fern, lese, spiele am Handy, gehe im Korridor spazieren, schreibe jeden Tag einen kleinen Tagesbericht oder ruhe mich aus. So vergehen die Tage im Großen und Ganzen sehr rasch. Das einzige Übel: die Entzündung will nicht weichen. Ich nehme schon lange Antibiotika und Schmerzmittel, aber die Entzündungswerte sind noch immer hoch. Bah, früher oder später wird die Entzündung schon aufgeben! Was mich mehr bedrückt ist das Sodbrennen und das hat auch schon auf den Magen geschlagen. Vielleicht habe ich etwas Rückfluss von diesen „Pappelen". Wer weiß! Man lässt mir wegen der Entzündungswerte eine Röntgenaufnahme der Lunge machen. Und was sieht man da? - Die Sonde ist nicht weit genug im Magen drinnen und eine Ärztin drückt sie etwas hinein. Vielleicht war das der Grund für meine Beschwerden. Ich hoffe das war's! Und nun sind die zwei Wochen fast um, d. h. Sonde weg! Ich kann es kaum erwarten.

*

Die Damen im Bett gegenüber wechseln ab; die meisten von ihnen haben Probleme mit ihren Stockzähnen. Am Anfang war ich allein im Zimmer, dann hatte ich Gesellschaft. Das war fein, auch wenn anfangs meine Plauderei sehr eingeschränkt war. Alle Frauen, die in diesen vier Wochen das Zimmer mit mir teilten, waren sehr sympathisch; jede auf ihre Art. Eine hat mich sogar besucht, als sie zur Kontrolle kommen musste. Fein! Wir hatten immer viel zu lachen.

Mein Mann fuhr zwei Tage nach der OP nach Hause; hier konnte er mir sowieso nicht helfen und in Salzburg hat er sich schon die ganze Woche viele interessante Sachen angeschaut.

Auf der Station war auch ein sehr netter älterer Herr mit dreiundneunzig Jahren. Wir plauderten des Öfteren miteinander. Er war für sein Alter in ausgezeichneter Form. Auf diese Art alt zu werden, geistig und auch körperlich ganz fit, wäre ein Traum. Ich hoffe seine schwere OP hat ihm nicht geschadet.

*

Ich habe jetzt richtige Schwierigkeiten beim Atmen; das „Loch" der Tracheotomie ist ganz klein geworden. Es ist, so könnte man sagen, fast zugewachsen und so bekomme ich nicht mehr genug Luft. Da schickt man mich auf die HNO Station. Eine Ärztin setzt mir, mit viel Mühe (sie muss das Loch erweitern) eine kleine Kanüle ein. Das tut ganz schön weh, aber wenigstens ist das Problem der Luftzufuhr gelöst. Ein paar Tage danach kommt die Kanüle wieder weg. Warum? Das weiß ich nicht. Vielleicht funktioniert es wieder wie früher, ohne sie.

Heute sind es zwei Wochen seitdem ich operiert wurde und ich hoffe sehr, dass die Magensonde endlich entfernt wird. Ich halte sie nicht mehr aus. Die letzten Tage waren ehrlich gesagt sehr schwierig mit diesem ewigen Sodbrennen. Bei der morgendlichen Untersuchung – du gütiger Himmel – eine Katastrophe: der Schlauch der Sonde hat sich quer über das Transplantat gelegt! Auch der Herr Professor ist darüber sehr besorgt. Wenn sie da längere Zeit liegt, kann es sein, dass die OP letztlich umsonst war, weil das Transplantat dadurch absterben könnte. Schei…! Trotzdem bin ich positiv eingestellt. An diesem Tag habe ich auch die Untersuchung auf der HNO. Auch hier in dieser Ambulanz habe ich positive Eindrücke und fühle mich in guten Händen. Ich gehe dorthin und werde vom Primar der Kieferstation begleitet. Sie begutachten die Lage und entschließen die Entfernung der Sonde. Aber zuerst muss der HNO-Arzt mir das „Loch" wieder erweitern. Schon beim Gedanken daran komme ich ins Schwitzen und dann… schwitze ich auch wegen der Schmerzen. Das Erweitern ist wirklich eine sehr schmerzhafte Angelegenheit und man hofft nur, dass es nicht zu lange dauert. Die Minuten dauern seeehhhhr lange. Dazu kommt noch, dass man auch nicht laut jammern kann. Man kann nicht schreien, man ist lautlos der Tortur ausgeliefert. Man könnte nur handgreiflich werden, aber dazu habe ich doch zu viel Respekt und was sein muss, muss eben sein. Dann ist das Loch endlich wieder groß genug (ich denke es wurde von drei bis vier mm auf einen cm Durchmesser gedehnt). Weil ich brav gewesen bin, kommt dann die Magensonde heraus und es geht mir gleich viel besser. Der Gedanke, was ich machen würde, wenn alles umsonst gewesen wäre, bleibt... aber... ich bin ein Mensch der ein Glas immer halbvoll und nicht halbleer sieht. Ich denke daher positiv und will mich nicht schon vor der Zeit deprimieren.

Nun muss ich wieder lernen, richtig zu essen, d. h. ich muss mir die richtigen Schluckbewegungen neu angewöhnen. Das ist nicht ganz leicht, denn die Lage im Hals hat sich verändert. Eine kompetente und sehr nette Logopädin erklärt mir das richtige Schlucken, zeigt mir spezifische Übungen und trainiert mich. Ich muss viele Übungen machen, einige beanspruchen mich auch sehr. Aber ich bin tägliches Training schon von früher gewöhnt. Es kommen nur einige, für mich neue, Übungen hinzu.

Einige Tage danach (ich werde jeden Tag untersucht), beginnt sich das Transplantat zu häuten. Ein gutes oder ein schlechtes Zeichen? Man kann nichts machen, nur abwarten. Aber es ist auch etwas Positives passiert: die Entzündung ist abgeklungen, weg! Nun brauche ich keine Antibiotika mehr, nur noch bei Bedarf Schmerzmittel.

Das gesamte Personal ist professionell, kennt sich aus, ist freundlich und nett und ich fühle mich auch hier auf dieser Station sehr wohl. Alle sind berufsmäßig sehr gut ausgebildet und auch menschlich auf Zack und man kann sich über nichts beklagen. Man redet miteinander, scherzt und lacht. Was will man mehr?

Ich mache weiterhin meine Spaziergänge, gehe auch hinaus, spaziere um die verschiedenen Blöcke herum und… ihr werdet es nicht glauben: wir haben auch einen Heimtrainer (Rad) im Zimmer! Spitze! So bleibe ich sicher in Form. Ich werde mir so einen auch für zu Hause anschaffen. Meine Zimmernachbarin probiert ihn auch aus und so radeln wir abwechselnd zwei-, dreimal am Tag. Die Zeit vergeht ziemlich schnell, ich langweile mich nie: Toilette, Untersuchung, spazieren gehen, radeln, plaudern, Sudoku und andere Spiele, fernsehen… und schon wieder ist ein Tag vorbei. Ich schlafe sehr gut und fast die ganze Nacht durch. Ich werde nur ein- bis zweimal munter, wenn ich mal raus muss, aber ich schlafe dann sofort wieder ein.

Der Primar untersucht mich täglich und beobachtet die Entwicklung der Situation. Der transplantierte Knorpel schält sich langsam aber sicher. Das kann man sehr gut sehen. Der Herr Professor ist noch immer besorgt, auch weil das Transplantat zu sehr schrumpfen könnte und wir sprechen öfters darüber; der Herr Professor der HNO macht sich weniger Sorgen. Für ihn ist das eine mehr oder weniger normale Entwicklung, hat er mir gesagt. So mache ich mir in Gedanken einen Mix aus den zwei Ansichten und bin eigentlich ganz gelassen. Ich spüre auch ganz deutlich, dass da etwas Neues im Hals vorhanden ist. Das ist ein körperliches Gefühl. Man spürt, dass etwas „mehr" im Hals steckt und ich habe es „unter Kontrolle", d. h. wenn ich schlucke, auch wenn es nur Spucke ist, kann ich es spüren.

*

Das Schlucken der Spucke erfolgt noch nicht automatisch; wenn ich nicht daran denke, fließt diese aus dem Loch hinaus oder kitzelt mir im Hals, wobei es dann zu starkem Husten kommt. In der Nacht funktioniert es

148

schon automatisch, vielleicht weil ich ruhig und entspannt bin. Am Tag muss ich beim Schlucken auch noch die richtige Position finden, was nicht immer leicht ist. Dabei hilft mir die Logopädin sehr, da sie mir zeigt, wie man gezielt üben kann. Das Essen, alles püriert und sehr variiert, wird in netter, appetitanregender Form präsentiert.

Die Menge würde auch den schwersten Arbeiter satt machen! Ich übe auch fleißig das Trinken, denn dies ist am schwierigsten. Aber es hat sich schon verbessert, was mir gute Zukunftsaussichten gibt. Ich spüre wie ich langsam sicherer werde und die Sache besser im Griff habe. Ich muss ja alles wieder neu erlernen. Automatisch geht da gar nichts! Ich esse sehr langsam, mache viele kleine Pausen (auch nach drei, vier Löffeln), immer dann, wenn ich fühle, dass ich müde werde. Aber schon bald kann ich die Zeiten verlängern. Es braucht dazu meinen vollen Einsatz, aber es ist auch eine Frage der Konzentration: ich muss an den gesamten Ablauf denken: Kopfhaltung, Bewegung, gut kauen, auch wenn es püriert ist. Anfangs verschlucke ich mich häufig, besonders wenn ich in Gedanken ganz woanders bin, wenn sie vom Essensprozess abschweifen, wenn ich den Kopf nicht in der richtigen Position halte… kurz und gut, wenn ich nicht bei der Sache bin oder bleibe. Aber… ICH schaffe das schon! Davon bin ich überzeugt!

*

Das Transplantat schält sich immer mehr und diese Haut beginnt mich im Hals zu kitzeln. Es wird jeden Tag kontrolliert wie auch mein Gewicht. Dieses ist für die Heilung wichtig. Ich bin froh einige Kilos verloren zu haben, denn in Hinsicht auf die Operation habe ich mehrmals so richtig „gefressen": Leckereien jeder Art, besonders die, von denen ich wusste, dass ich sie längere Zeit nicht essen könnte. Jetzt habe ich wieder mein Ideal-Wohlfühlgewicht; ein bisschen „Fleisch" in meinem Alter tut gut, auch sieht man die Runzeln weniger, dann auch wegen der Osteoporose, usw. Ja, ja… alles recht gute Entschuldigungen!

Einen Monat nach meiner Einlieferung darf ich nach Hause fahren. Im Moment kann man nur abwarten, was passiert. Jetzt kann ich alles essen, natürlich nur püriert; ich muss mich nur konzentrieren und in Ruhe speisen. Die Zeit ist schnell verflogen; es kam mir auch nicht lang vor, denn mir gefiel es hier sehr gut.

Bevor ich nach Hause fahre untersucht mich noch der Professor der HNO und es wird noch eine Aufzeichnung meiner Schluckbewegungen gemacht. Das ist nicht so leicht, wie es sich anhört, denn ich muss den Kopf beim Schlucken in einer bestimmten Position halten und dabei stört mich die Sonde, die die Aufnahmen macht, sehr. Die cremige Lösung schlucke ich recht gut, aber von der flüssigen geht doch Einiges daneben und das nicht nur wegen der Kopfposition, sondern auch wegen der Müdigkeit. Ich hab's versucht richtig zu machen. Na ja, das nächste Mal wird's vielleicht besser gehen. Hoffentlich!

Ich fahre nach Hause und habe den Termin für die erste Kontrolle: schon in zwei Wochen. Ich nehme alles entspannt und ruhig hin. Essen und Trinken geht jeden Tag, langsam aber sicher, besser. Ich verschlucke mich nur noch selten und ich kann auch eine fast normale Portion verspeisen; ich muss nur noch kleine Pausen einlegen. Ich fühle mich dabei auch sehr sicher. Gut, nicht wahr?

Eine andere, wunderbare Sache ist nach der OP passiert: meine Stimme ist sehr viel besser geworden, auch ist sie nicht mehr so eintönig platt wie vorher. Sie ist viel stärker, fast könnte ich schreien! Ich bringe auch mehrere unterschiedliche Töne heraus. Wie schön! DAS sind kleine Fortschritte, die dich besser leben lassen und die das Herz erfreuen.

Am Sonntag, eine Woche vor dem geplanten Kontrolltermin, geht alles schief: die Haut des Transplantats (so denke ich) bewegt sich hin und her, verlegt mir die Luftwege, provoziert Husten, kitzelt; das alles ist sehr störend und ich würde am liebsten mit den Fingern den Hals hinunterfahren und mich dort ordentlich kratzen. Alles zusammen ist echt grauenvoll, auch weil es den ganzen Tag über so weiter geht. Entsetzlich! Die Nacht verbringe ich dann ganz ruhig und am Montagmorgen beim Frühstück ist auf einmal der Spuk vorbei. Ich denke ich habe die Haut einfach hinuntergeschluckt!... dann wirft sich mir die Frage auf: „Wenn's das Transplantat war?" Ich komme ins Schwitzen! Fast gerate ich in Panik, dann konzentriere ich mich und probiere zu schlucken. Wenn es noch da ist, spüre ich es. Ich schlucke sehr konzentriert und gebe auf das Empfinden acht. Ahhh, welch eine Erleichterung! Ich kann es fühlen! ES IST

NOCH DA! Man wird dann bei der Kontrolle sehen, was Sache ist. Ich bin sehr neugierig darauf und auch ein bisschen besorgt. Naja, ich habe eben edle Proteine verschluckt (man sagt sie seien gut für die Lunge), und dazu noch meine eigenen... und... eine Woche vergeht auch sehr schnell!

Zur Kontrolle erscheine ich etwas besorgt; auch der Herr Professor macht sich Sorgen, weil das Stück sich geschält hat. Ja, es ist noch da, gehäutet und dadurch etwas kleiner. Wir sprechen auch über den Fortgang der Heilung. Ab jetzt kann ich auch weiche Kost so essen; nur Äpfel, Fleisch usw. püriere ich noch. Ich freue mich darüber, denn das Schlucken geht jetzt schon viel besser. Ich bekleckere mich auch viel weniger und meistens nur, weil ich nicht aufgepasst habe oder nicht bei der Sache war. Auf jeden Fall hat sich die OP gelohnt; ich fühle mich schon jetzt viel freier und auch „normaler". Die nächste Kontrolle habe ich in zirka zwei Monaten und da wird mich auch der Herr Professor der HNO untersuchen. Ganz zufrieden fahre ich wieder nach Hause, auch wenn ich noch ab und zu etwas Schmerzen habe, sowohl im Hals als auch am Ohr. Ehrlich gesagt, ich dachte vorher nicht, dass mir auch das Ohr weh tun könnte. Es tut noch immer weh, wenn ich es berühre.

Nun wird mein Leben wieder rosiger! Beim Kaffeetrinkern mit meinen Freundinnen ist mir nicht einmal der Cappuccino auf „Abwege" gekommen: der Kaffee ist für mich eines der schwierigsten Dinge zu schlucken. Nun brauche ich mich nicht mehr zu sorgen, wenn ich ausgehe, denn mir rinnt keine Flüssigkeit mehr so lästig aus dem Loch und die Brust hinunter. Brr! Alles bleibt trocken; das ist echt spitze! Ich darf nur bei der Nahrungsaufnahme nicht sprechen, lachen, usw. Auch die Haltung ist wichtig. Einfach großartig!

Die zwei Monate bis zur nächsten Kontrolle verbringe ich ruhig und gelassen, arbeite wieder und mache fleißig alle meine Übungen. Ich habe das Gefühl, dass alles recht gut verläuft. Ich muss nur daran denken, die Spucke zu schlucken – es funktioniert noch nicht automatisch.

Ich nehme auch am Fest „45-Jahre danach" teil. Es sind nun schon fünfundvierzig Jahre seit der Matura vergangen. Wo ist nur die Zeit geblieben? Es war wirklich schön die Klassenkameraden/Innen nach so langer Zeit zu sehen. Ich bin richtig froh, mich zur Teilnahme aufgerafft zu haben. Es war schon ein bisschen schwierig, aber es hat sich gelohnt. Der Tag verlief richtig angenehm: ich plauderte, aß gemütlich und unterhielt mich sehr gut. Es war auch recht lustig. Es ist schon einige Zeit her, dass ich so unbeschwert war. Am Abend konnte ich nicht mehr dabei bleiben, da ich wieder nach Italien, nach Hause zurückfahren musste. Zwei Tage danach fahre ich dann zur Kontrolle. Ich habe mich schon lange nicht mehr so frei gefühlt!

Zur Kontrolle, wie gesagt fahre ich zwei Tage später ab, damit ich mir mit meiner Freundin Laura zwei unbeschwerte Ferientage machen kann. Die Stadt hat ja auch sehr viel Sehenswertes zu bieten: die Altstadt, einige Museen, das wunderschöne Schloss, usw. Wir unterhalten uns köstlich, essen traditionelle Speisen… Es ist schon ein bisschen anstrengend für mich, denn man muss ja bedenken, dass ich auch die Maturafeier und das Hin- und Herfahren, sowie eine lange Zugsfahrt hinter mir habe, aber… ausruhen kann ich mich später! Trotz all dieser „Anstrengungen" kann ich fast perfekt essen und trinken. Meine Freundin versteht auch, dass ich weder rede noch antworte, wenn ich esse und passt sich an. Die meisten Leute denken nicht daran, fragen etwas und sagen dann: „Du musst mir jetzt nicht antworten…" Aber im Hals macht sich schon automatisch die Antwort bereit und…

das Unbehagen beginnt – die Antwort auch nur denken
und verschlucken oder nervös werden ist eins. Auch wenn
ich mich emotionell aufrege, spüre ich sofort etwas im
Hals, muss schnell schlucken, denn dann produziere ich
sehr viel Speichel. Warum etwa? Ich muss das beim
nächsten Mal unbedingt fragen. Es fühlt sich an, wie man
so schön sagt: „Es schnürt mir den Hals zu".

Bei dieser zweiten Kontrolle sehen die Professoren, dass
das Transplantat kleiner geworden ist. Auf die Frage, wie
es mir geht, antworte ich: „Es ist zirka zu achtzig Prozent
besser geworden." Sie sehen auch, dass es nicht ganz
gerade aufliegt, sondern etwas schief. Man einigt sich auf
eine dritte Kontrolle im September. Trotz allem ist die
Situation sehr viel besser als vor der OP und ich bin
darüber glücklich und zufrieden.

Im Moment stören mich eine Verkühlung und der
ewige Katarrh sehr. Dieser ist auch sehr lästig, wenn ich
schlucke. Ich habe auch homöopathische Medizin
eingenommen, die mir aber auch keine große
Erleichterung gebracht hat. Das Wetter ist auch keine Hilfe.
Es gibt zu große Temperaturunterschiede: von 30°C
untertags geht es dann herunter auf 10°C am Morgen. Und
da ich gerade auf diesem Gebiet etwas delikat bin, lasse ich
es mir an gar nichts fehlen! Bah, es gibt Schlimmeres als
eine Verkühlung!

Am vergangenen Sonntag habe ich wirklich das
„Pickerl" für meinen neu geflickten Kehlkopf gemacht. Ich
war zu einer Grillparty bei Freunden eingeladen. Und so
habe ich, plaudernd und nichts denkend so richtig
„gefressen" (man kann dazu einfach nicht mehr gegessen
sagen): als Vorspeise drei Scheiben Salami und drei kleine
Stücke Käse und dazu zwei kleine Scheiben Brot und eine
mittlere Scheibe gegrillten Bauchspeck. Dann, nach einer
kleinen Pause die Hauptspeise und zwar eine Bratwurst, ein
Schnitzel und ein Rippchen und dazu als Beilagen gegrilltes

Gemüse, Pilze und Polenta. Dann, nach einer etwas längeren Pause habe ich mir noch vier Stückchen Kuchen schmecken lassen und zu all dem habe ich ungefähr ein Liter Mineralwasser getrunken. Ich trinke weder Alkohol noch kohlensäurehaltige Getränke. Diese kitzeln mich im Hals und verursachen mir Reizhusten; Alkohol brennt. Um anzustoßen genehmige ich mir einen kleinen Schluck Bier. Trotz dieser Unmenge an Nahrung habe ich mich nie verschluckt und ich fühlte mich wie im Himmel. Das war, abgesehen davon, auch eine sehr lustige Party.

Nun warte ich auf den nächsten Kontrolltermin. Man hat mir auch gesagt, dass man die Lage des Transplantats korrigieren könnte. Wir werden ja sehen, was dann kommt.

In meinem Kopf schwirren mir auch noch andere Gedanken herum: Vielleicht könnte man auch einen, nicht riesigen, Eingriff zur Wiederherstellung der normalen Atmung machen? Dann wäre ich wieder so richtig in Form. Natürlich nicht jetzt, aber früher oder später, in einem Jahr…

ENDE… ODER VIELLEICHT AUCH NICHT.

EINIGE ÜBERLEGUNGEN

Seit man meinen Tumor entdeckt hat sind über sechs Jahre vergangen und die Zeit ist nur so verflogen. Seit damals habe ich stets alles auf einem Notizblock notiert; alles was mir wichtig war, habe ich aufgeschrieben. Diese Erzählung ist das Ergebnis dessen, was ich erlebt habe, die Worte sind dem Erleben entsprungen und spiegeln ehrlich und getreu wieder, wie ich das Abenteuer erlebt habe, meine Gedanken, die Höhen und Tiefen, meine Selbst-Ironie, das heute und gestern. Ich führte so etwas wie ein Tagebuch, das mir sehr geholfen hat. Es hat mich auch besser verstehen lassen, wie ich eigentlich bin.

Viele Leute sagen mir, dass ich eine starke Frau bin, eine Frau mit Kampfgeist, usw. Glaubt mir, ab und zu verliere ich mich in den einfachsten Dingen, besonders in den unwichtigen. Als, wie viele sagen, das Unglück über mich hereinbrach und das Unwesen seine Tentakel schon in die Umgebung ausgebreitet hatte, fühlte auch ich mich einen kurzen Moment lang verloren. Sofort hatte aber der Selbsterhaltungstrieb die Oberhand und mit klarem Gedanken sagte ich mir: „Wenn ich kämpfen muss, dann ok. Ich werde mit allem kämpfen, das mir zur Verfügung steht: mit allen Heil-und Hilfsmitteln für Körper, Geist und Seele!"

Am wichtigsten ist vielleicht die Kraft, die Entschlossenheit und den Mut aus dir heraus zu holen und zu lernen ein Glas nicht halbleer, sondern halbvoll zu sehen. Man sollte auch nie denken: „Warum gerade ich? Warum habe ich so ein Pech?", das bringt erstens nichts und zweitens kostet es viel zu viel Energie, die man für die Heilung braucht. Man muss mit frohem Mut nach vorne schauen, nicht zurück! Auch in den dunkelsten Ereignissen kann man, wenn man sie dreht und wendet, etwas Positives finden. Bestimmte Ereignisse lehren dich intensiver und bewusster zu leben. Ich fühle jetzt mehr Leben in mir als früher.

Ich habe viel und lange über das was mir passiert ist nachgedacht. Die Dinge kommen schnell, aber es braucht viel Zeit und Geduld bis sie wieder weg sind. Heute, wenn mich ein negativer Gedanke plagt, was Gott sei Dank sehr selten vorkommt, halte ich einen Moment inne und denke: „Warum soll ich mir jetzt Gedanken und Sorgen über das was eventuell kommen könnte machen -vielleicht kommt's auch nie- und das gerade jetzt wo ich im Moment keine Probleme habe?" Es ist besser, wenn ich meine Energie in etwas Positives, Konstruktives einsetze, anstatt unnütz Tränen zu vergießen und in Selbstmitleid zu schwelgen. Das ist für gar nichts gut und man fühlt sich nur leer und ausgebrannt und verschlechtert die Situation. Manchmal aber sind Tränen auch heilsam – sie erleichtern ungemein. Ab und zu ja, ich halte sie dann auch nicht zurück und lasse ihnen freien Lauf. Dann ist die Welt wieder in Ordnung und der Adrenalinspiegel vielleicht auch. Man muss einfach nur mit Vertrauen und soweit es geht mit Unbeschwertheit nach vorn schauen, und bewusst und in Harmonie mit dem eigenen Körper leben, sich angewöhnen auf dessen Signale zu achten und ihn zu unterstützen.

Wenn es das Wetter zulässt gehe ich fast jeden Tag zwanzig Minuten an der frischen Luft spazieren. Ich spüre, dass mir das gut tut, auch was die Atmung betrifft. Einmal die Woche gehe ich zur Entspannungsgymnastik und alle zwei bis drei Wochen lasse ich mich von einer Shatsu-Massage verwöhnen.

Meine Arbeit macht mir Spaß und ist wichtig für mich. Ich versuche mich weniger zu stressen. Ich genieße die kleinen angenehmen Dinge, und... lache und bin viel vergnügter!

Ich weiß nicht, ob ich den Krebs besiegt habe; im Moment bin ich soweit gesund und das gibt mir Vertrauen. Ich bin auch ein sehr positiv eingestellter Mensch und so verschwende ich keine langen Gedanken darüber. Der liebe Gott hat mir eine zweite Chance gegeben und die will ich auch nützen und besser und intensiver leben. Ich mach's, wie meine Psychologin gesagt hat: „Was gewesen ist, ist gewesen; das kann man auch nicht mehr ändern, sondern man muss immer denken VON JETZT AN!"

Die Dinge, die mir sehr geholfen haben und die vielleicht auch anderen nützlich sein könnten:

- Ich habe immer **bedingungsloses Vertrauen in das Ärzteteam** gehabt, das mich die ganze Zeit über betreut hat. Wenn man kein Vertrauen darin hat, ist es besser man wechselt.

- **Die Gespräche mit den Ärzten sind sehr wichtig,** man braucht Zeit und man sollte alles fragen können, was einem so im Kopf herum geht. Sie sollten dir die Gewissheit geben, die nötige Zeit dazu zu haben. (In Wirklichkeit ist ihre Zeit in Italien sehr begrenzt: ca. fünfzehn Minuten pro Patient). Ich kann mich aber wirklich nicht beklagen.

- Wenn man selbst nicht fragt, sollten sie einen dazu bringen.

- Sie haben mir immer alles **einfach** und für einen Laien **verständlich erklärt**. Mit komplizierten, medizinischen Fachausdrücken hätte ich nicht viel anzufangen gewusst.

- **Man hat mir auch die ganze Wahrheit und die schwierige Situation in der ich war, genau erklärt** und ohne große Worte hatte ich dabei das Gefühl von Hoffnung und die Fast-Sicherheit es zu schaffen.

- Außer der **großen beruflichen Kompetenz** hat das Team auch **viel Geduld** und eine große Portion an **Menschlichkeit** besessen. Ich fühlte mich immer als Mensch behandelt und niemals wie eine Nummer.

- Ich wurde von sehr gut ausgebildeten Krankenschwestern und Pflegern betreut, die auch über eine große Portion an Menschlichkeit und Geduld besaßen. Na, wir Patienten sind nicht immer sooo geduldig, wie wir es sein sollten. Darüber sollten wir manchmal nachdenken. Sie haben sehr viel zu tun und… sie haben nicht nur einen Patienten!

- Wenn das Personal sich nicht erinnert oder nicht daran denkt, was bei der vielen Arbeit passieren kann, muss man einfach **fragen**. Ich habe gefragt, was das Krankenhaus oder die Krankenkasse so an Hilfe anbietet. Nun gehe ich nur noch zur Logopädie. Nach der großen OP habe ich ab und zu mit der Psychologin und der Frau Doktor, die für die Ernährung zuständig war, gesprochen und auch Physiotherapie gemacht. **Man sollte sich von all denen helfen lassen, die die Lebensqualität verbessern können oder es wenigstens versuchen.**

- Man sollte das Krankenhaus nicht wie eine „Strafe Gottes" sehen, sondern wie einen Ort der dir eine Zukunft gibt, der dir das Leben oder Leiden erleichtern kann, der dich eventuell heilt und der dir hilft weiterzukommen. Speziell bei einem onkologischem Spitalsaufenthalt ist es notwendig, dass er wie eine Symbiose zwischen Arzt und Patient gelebt wird… denn das Endziel beider ist es, Leiden zu mindern und gesund zu machen, bzw. zu werden. Man sollte auch nicht vergessen, dass hinter beiden Figuren immer Menschen stehen, mit ihren Vorzügen und mit ihren Fehlern.

- Zum Schluss möchte ich noch eine Kleinigkeit all den Freunden, Bekannten, Kollegen die man so trifft, mit auf den Weg geben. Wenn ihr fragt: „Wie geht's?" und ihr bekommt als Antwort „Gut, danke!" sagt dann bitte nicht mit leidender Stimme und mitleidigem, traurigen Gesichtsausdruck „Wirklich?" Wenn jemand sagt es geht ihm gut, dann geht es ihm auch gut. Zu einer gesund aussehenden Person würdet ihr es ja auch nicht sagen! Also denkt daran!

DANKE!

Ich möchte mich bei den Ärzteteams, den Krankenschwestern und -pflegern, dem Hilfspersonal der HNO- und der Kieferstation der Krankenhäuser im In- und Ausland, in denen ich operiert worden bin ganz besonders herzlich bedanken. Man hat mich professionell und doch menschlich behandelt und gepflegt, beispielhaft die Jahre über weiter behandelt und das mit großem Beistand. Auch fehlte dabei die gute Laune nie und man hat gewusst, mir im weiteren Sinn ein neues Leben zu schenken. DANKE! Ich fühle mich wie neugeboren!

Auch an Marita, Laura, Kathrin, Tante Thresl und Rosi, Freundinnen und kostbare Hilfe bei der Realisierung dieses Buches ein herzliches Danke.

Ein spezieller Dank gilt meinem Mann, der mir in diesem Abenteuer immer zur Seite stand und ganz besonders meinem Sohn Roger, der zudem auch mein erster Leser und „Ratgeber" war.

Einen besonderen Dank möchte ich der Psychologin aussprechen, die mich zur Niederschrift meiner Erlebnisse motiviert hat und mir auch gute Ratschlage dazu gegeben hat.

Ich bedanke mich auch bei allen Personen, die mir in dieser Zeit in verschiedener Form und bei verschiedenen Gelegenheiten nahe gestanden sind.

Euch allen, **DANKE**.
Barbara.

INHALTSVERZEICHNIS

Abgeschlossen im August 2017
von Youcanprint *Self-Publishing*

www.ingramcontent.com/pod-product-compliance
Lightning Source LLC
LaVergne TN
LVHW051530170726
843492LV00006B/1696